小读客 经典童书馆

童年阅读经典 一生受益无穷

哈尔的移动城堡三部曲 Ⅰ

哈尔的移动城堡

[英]戴安娜·韦恩·琼斯 著

程婧波 译

Howl's Moving Castle
Diana Wynne Jones

文匯出版社

这本书的点子源于一个男孩
我曾到访他的学校
他想请我写一本叫作《移动城堡》的书
我把他的名字记在一个绝对安全的地方
却怎么也找不到了
在此对他致以深深的谢意

本书献给斯蒂芬

目 录

第一章　苏菲在帽店和帽子说话　　　　　　001

第二章　苏菲毅然踏上命运之旅　　　　　　014

第三章　苏菲进入城堡做了交易　　　　　　029

第四章　苏菲发现一串奇怪之事　　　　　　039

第五章　噼里啪啦嘭清洁大作战　　　　　　049

第六章　哈尔借着绿色黏液发泄　　　　　　061

第七章　稻草人阻止苏菲的离开　　　　　　075

第八章　苏菲离开城堡东奔西走　　　　　　088

第九章　迈克尔遇到难解的咒语　　　　　　100

第十章　卡西法承诺给苏菲暗示　　　　　　111

第十一章　哈尔去神奇国度寻咒语　　　　　121

第十二章　苏菲成了哈尔的老妈妈　　　　　134

第十三章	苏菲诽谤了哈尔的名声	144
第十四章	皇家巫师不幸染上感冒	156
第十五章	哈尔乔装打扮参加葬礼	169
第十六章	有史以来最精彩的斗法	179
第十七章	移动城堡忙着搬到新家	187
第十八章	稻草人和安格瑞亚小姐	197
第十九章	苏菲借狂洒除草剂发泄	208
第二十章	苏菲离开城堡阻碍重重	221
第二十一章	一干人等见证契约解除	235

附录Ⅰ：作者访谈	254
附录Ⅱ：动画电影《哈尔的移动城堡》	262
附录Ⅲ：作者关于动画电影的访谈	264

第一章

苏菲在帽店和帽子说话

在英格里王国这样连千里飞靴和隐身斗篷之类的东西都真实存在的地方,要是不幸生来就是三个孩子中的老大,那真是太糟了。人人都看得出来,你铁定是头一个栽跟头的。当你们三人日后各自踏上命运的旅途,情况只会更糟。

苏菲·海特正是三姐妹中的老大。她甚至都不是某个穷樵夫的女儿,真要是那样的话,她的命运说不定还有些转机。她家境殷实,父母在繁华的齐坪镇上经营一家女帽店。苏菲的亲生母亲在她年仅两岁时就撒手人寰,那会儿她的妹妹莱蒂才刚刚一岁,随后她们的父亲就与店里年轻的助手——一位名叫芬妮的金发小姐——结了婚。芬妮很快就生下了家里最小的妹妹,玛莎。看样子,苏菲和莱蒂顺理成章地就要成为"恶姐姐"了,但事实上,三姐妹相亲相爱地长大了,出落得一个比一个漂亮。这之中,莱蒂的模样是最为人称道的。芬妮待三个女儿一样好,从不偏袒玛莎分毫。

海特先生十分宝贝这三个女儿，把她们送到镇上最好的学校念书。苏菲是姐妹中最最用功的一个。她博览群书，很快便意识到将来的人生多半毫无乐趣可言。这在她看来多少有些令人沮丧，不过她并没有灰心丧气，而是开开心心地关照起两个妹妹，还让玛莎为把握自己的命运做好准备。因为芬妮总在店里忙活，苏菲便肩负起照顾两个妹妹的责任。小妹妹们总是免不了争吵打闹，而莱蒂也坚决不愿像苏菲一样，注定只能拥有无趣的人生。

"这不公平！"莱蒂总说，"凭什么玛莎的命就是最好的？就因为她年纪最小？我会嫁给一个王子的，等着瞧！"

玛莎呢，总不甘示弱地回应说，她不用嫁给任何人，照样能过上令人艳羡的生活。

每到这时，苏菲就得把她俩拉开，还得替她们缝补衣服。她的针线活做得好极了，久而久之，她都能为妹妹们缝制新衣服了。在这个故事真正拉开序幕之前的五朔节[1]上，她就为莱蒂做了一件深玫瑰色的外套。芬妮说那外套简直就像是从首都金斯伯里最昂贵的商店里买来的。

这些日子，人们再次议论起了荒野女巫。有人说荒野女巫威胁到国王女儿的性命，所以国王派出他的私人魔法师——巫师苏里曼——深入荒野，去给荒野女巫一个了断。不过看起来巫师苏里曼不仅没有干掉荒野女巫，反而还搭上了自己的性命。

所以，几个月后，当一座高高的黑色城堡突然出现在齐坪

---

[1] 五朔节（May Day），欧洲传统民间节日，于每年的5月1日举行，用以祭祀树神、谷物神，庆祝农业收获及春天的来临。——译者注（本书注解均为译者注）

镇上方的山头上，还不时从它那四个细细长长的烟囱里喷出阵阵黑烟时，人人都确信那一定是荒野女巫死灰复燃，离开了荒野，即将闹得全国上下人心惶惶，一如五十年前那样。人们着实担惊受怕，没人敢独自外出，尤其是在夜间。更可怕的是，那座城堡并不只在同一个地方待着。它时而是西北旷野中一团狭长浓重的暗影，时而又耸立在东面的岩石之上，时而还会从山上下来，端坐在寻石楠树丛中——就在离镇子北部边境农场咫尺之遥的地方。你有时甚至能看出来它在移动，烟囱里扑腾着布满烟尘的灰雾。于是人人都相信过不了多久那座城堡就会走进山谷里来，连镇长也说是时候去向国王搬救兵了。

然而那座城堡只是在山间漫无目的地游荡，人们也终于搞清楚它并不属于荒野女巫，而是巫师哈尔。巫师哈尔可不是什么善茬儿。尽管他看起来只想待在山里，却照样因为总对姑娘下毒手、吸取她们的灵魂而臭名昭著。还有人说，他会吃掉姑娘们的心脏。他是个冷酷无情的巫师，要是哪个姑娘落了单，被他碰上，准没什么好事。苏菲、莱蒂和玛莎，就像齐坪镇上的其他姑娘一样，都收到了不能独自外出的警告，这可给三姐妹带来了不小的烦恼。她们很好奇巫师哈尔收集那些灵魂，到底是用来干吗的。

不久之后，她们就有了其他的心事。就在苏菲已经到了可以离开学校的年龄时，海特先生突然去世了。这时，海特先生对女儿们的宝贝才显露了出来，他过去为女儿们付出的学费让帽子店负债累累。葬礼结束后，芬妮在帽子店隔壁房子的客厅里坐下来，解释了一番眼下的情形。

"恐怕你们都得离开那所学校了。"她说,"我已经算过账了,左思右想,既能保留帽子店又能照顾好你们三个人的唯一办法,就是让你们都安顿下来,在合适的地方做个有前途的学徒工。把你们都留在店里是不现实的,我实在负担不起。所以,我打定了主意,先是莱蒂……"

莱蒂抬起头来,脸上闪耀着连悲伤和黑色丧服都无法掩饰的健康和美丽。"我还想上学。"她说。

"你会的,亲爱的。"芬妮说,"我已经安排好了,让你到集市广场的塞萨利家当学徒,他们家是做糕点的。塞萨利家的名声很好,都说他家对待学徒像对待国王和王后一样。你在那里一定能过得很开心,也能学到一门有用的手艺。塞萨利夫人是咱们店里的老主顾,也是老朋友,她卖了咱们一个人情才把你弄进去呢。"

莱蒂笑了,她看起来一点儿也不高兴。"好吧,多谢。"她说,"好在我还挺喜欢厨艺的。"

芬妮看起来松了一口气。莱蒂这孩子很难说,有时倔得不可思议。"接下来是玛莎。"她说,"我知道你还太小,不适合马上工作,所以我思来想去,替你找了个活计,可以给你一个长期的、安静的学徒期,这样以后不管你想做什么,所学都能用得上。你记得我的老同学安娜贝尔·费尔法克斯吗?"

纤巧白皙的玛莎拿她那双灰色的大眼睛盯着芬妮,目光几乎和莱蒂一样坚定。"你是说那位有点儿话痨的太太吗?"她问,"她不是一个女巫吗?"

"是的,她住在一栋漂漂亮亮的房子里,客户遍布整个叠嶂谷。"芬妮急切地说道,"她是位好心的太太,玛莎。她会把她所知道的一切都教给你,没准儿还会把你介绍给她在金斯伯里认识的大人物。跟着她学成之后,你这辈子都吃穿不愁了。"

"她人确实还不错。"玛莎承认道,"好吧。"

苏菲一面听着,一面感到芬妮把一切都考虑得很妥帖。作为次女的莱蒂,总归是不用担什么大任的,所以芬妮把她安排在一个能遇上年轻英俊的学徒的地方,她的幸福生活就指日可待了。而玛莎呢,她一门心思想要闯天下、发大财,因而需要巫术和贵人相助。至于苏菲自己,她早已清楚接下来会发生什么事。所以当芬妮开口时,苏菲一点儿也不意外。"听着,亲爱的苏菲,你作为长女,在我退休后继承帽子店是天经地义的。所以我决定亲自收你为学徒,教你熟悉这个行当。你觉得如何?"

苏菲压根儿不想学帽子这门行当,可她说不出口。她只感激地向芬妮道了声谢。

"那就这么说定了!"芬妮说。

第二天,苏菲帮玛莎把衣服收拾进了行李箱。隔天早上,她们都去为玛莎送别,看着她那小小的、挺得直直的身板坐在马车里离开。玛莎一脸紧张,因为去往费尔法克斯夫人位于叠嶂坡住处的路,要经过巫师哈尔的移动城堡所驻扎的山冈。玛莎的担心不无道理。

"她不会有事的。"莱蒂说。莱蒂没让任何人帮忙收拾行李。等到马车离开了视线,莱蒂便把她所有的东西都塞进一个枕套里,然后付给邻居的男仆六便士,让他用手推车把它推到集市广场的塞萨利家。

莱蒂跟在手推车后面昂首阔步地走了,看起来比苏菲想的要快活得多。说实在的,她那副派头就好像离开帽子店是件多么扬眉吐气的事情一样。

男仆带回来一张字迹潦草的纸条,莱蒂说她已经在女生宿舍安顿下来了,塞萨利的店铺似乎蛮有意思的。一个星期后,送信人带来了玛莎的信,信上说玛莎已经安全抵达,费尔法克斯夫人"是位很亲切的太太,做什么都会涂点蜂蜜。她还因此养了蜜蜂"。在相当长的一段时间里,苏菲就只听说过这些,因为在玛莎和莱蒂离开的那天,她也开始了自己的学徒生涯。

当然,苏菲对帽子这门行当早就很熟悉了。她打小就在院子对面的大作坊里跑进跑出,作坊里的木架上挂着需要定型的帽子,帽子上的花、果子和其他的装饰品是用蜡和丝做成的。她认识曾在作坊里做工的那些人。他们中的大多数人在她父亲小的时候就开始在那儿做工了。苏菲认识贝茜,现在只留了她一个老店员。苏菲认识常来买帽子的顾客,还有那个驾着货车从乡下运来草帽的人——那些草帽可以挂在作坊里的木架上,定型之后再被加工成漂亮的女帽。她认识其他的供货商,也知道怎么做冬帽的毡子。其实芬妮能够教给苏菲的不多——除了如何招揽顾客,劝说她们买下一顶帽子。

"亲爱的,你得替她们物色到合适的帽子。"芬妮说,"先给她们瞧瞧那些不太合适的,这样一旦她们戴上合适的帽子,就能知道其中的差别了。"

事实上,苏菲不太擅长招揽顾客。在作坊里见习了约莫一天,又跟着芬妮一道去拜访了一天的布料师傅和丝绸商人,芬妮最终决定让她去做缝制帽子的工作。苏菲坐在帽子店后面的一间小阁子里,为软帽绣上玫瑰,为丝绒帽缝上面纱,给所有的帽子衬上绸缎的里子,再把蜡制的果子和结好的丝带漂亮地布置在帽檐上。她很擅长于此,也沉迷其中,不过还是难免感到孤独和一丝沉闷。作坊里的人都太老了,很无趣。再说了,他们总是对她另眼相看,毕竟她将来有一天要继承这家店的。贝茜也是这样看待她的,而且贝茜成天都只念叨着五朔节之后的那周她就要嫁给的那个农夫。苏菲打心眼儿里羡慕芬妮可以随心所欲地出门,跟那些丝绸商人们讨价还价。

最有趣的事就是听顾客们的闲言碎语了。每个来买帽子的主顾都会八卦几句。苏菲坐在自己的小屋里缝着帽子,听了一筐子闲话:市长从来不吃青菜啦,巫师哈尔的城堡又移动到了悬崖边上了,那人可真是……窃窃私语,窃窃私语,窃窃私语……一旦聊到巫师哈尔,人们总是压低了声音,不过苏菲零零碎碎地拼凑出来,他上个月在山谷里抓了一个女孩。"蓝胡子![1]"那些窃窃私语的声音说道,然后又变回了正常音量,"简·法瑞尔给自己捯饬的发型简直就是个不折不扣的灾难。"那是一个连巫师哈尔都不会感兴趣的女人,更别说吸引一个正经绅士了。接着那些闲言碎语又会变成断断续续、充满恐惧的低语,说起荒野女巫的事情……苏菲开始觉得巫师哈尔和荒野女巫真该凑成一对才好呢。

"他们似乎是天造地设的一对,应该有人来牵个线。"她对

---

1 出自法国诗人夏尔·佩罗(Charles Perrault)创作的童话故事。后人用其指代花花公子、乱娶妻妾或是虐待老婆的男人。

着手上的帽子说道。

但到了月底，突然之间店里的八卦都是关于莱蒂的事。塞萨利的店里似乎从早到晚都挤满了男士，每个人都买了不少蛋糕，并点名要莱蒂来接待。她被求婚了不下十次，从市长家的公子到扫大街的小伙子，什么人都有。她全都拒绝了，说自己还太年轻，还做不了决定。

"她可真懂事。"苏菲对着她正在用丝绸打褶子的软帽说。

芬妮听到这个消息很高兴。"我就知道她没问题的！"她开心地说。在苏菲看来，芬妮很满意莱蒂不在身边了。

"把莱蒂留在帽子店也不是什么好事。"苏菲对着帽子说，用蘑菇色的丝绸打着褶子，"别的女人看到莱蒂就会感到绝望。她甚至会让你也显得很迷人，你这俗气的老东西。"

几周过去了，没有什么人可以说说话，苏菲和帽子聊得越来越多。每天的大部分时间，芬妮都在外面讨价还价，努力促成交易，而贝茜则忙着接待顾客，对每个人念叨她的结婚计划。苏菲习惯了每做完一顶帽子就放在帽架上，看上去就像没有身体的脑袋。她会停下来歇口气，告诉帽子与它们相配的身体应该是什么样的。她有点儿拍那些帽子的马屁，因为总归是要拍顾客的马屁的。

"您有一种神秘的诱惑力。"她对着一个满是面纱的隐隐闪烁的帽子说。对那顶帽檐下有玫瑰花的宽大奶油色帽子，她说："您一定会嫁给一个有钱人！"对那顶带卷曲羽毛的毛毛虫绿的草帽，她表示："您像春天的嫩叶一样年轻。"她告诉粉红色的软帽它们有酒窝般的魅力，告诉装饰着天鹅绒的礼帽它们很诙谐。她告诉蘑菇帽:"您有一颗金子般的心,身居高位的人看到了就会爱上你。"这是因为她对那顶特别的帽子感到抱歉。它看起来很过气,毫无吸引力。

第二天,简·法瑞尔来到店里买下了它。她的头发看起来确实有点儿奇怪。苏菲从自己的小阁子里偷偷地瞄了一眼,简的头发就像绕在了烧火棍上烫出来的。太惨了,偏偏她还选了那顶帽子!那段时间似乎大家都在买帽子。也许是因为芬妮的销售话术,也可能是春天来了,帽子生意的确有了起色。芬妮有点儿内疚地说:"我觉得我不应该急着把玛莎和莱蒂送走。照这情形,我们也许还能应付得来。"

四月临近尾声,五朔节前生意兴旺,苏菲不得不也换上一身低调的灰衣服在店里帮忙。由于需求量大,她得在接待顾客之余努力地做帽子,每天晚上她都会把帽子带回隔壁的房子里,在灯下工作到深夜,以便第二天有帽子可以卖。镇长夫人买的那顶毛毛虫绿的帽子很受欢迎,粉红色的软帽也很畅销。在五朔节的前一周,有人进来指名要一顶带蘑菇褶的帽子,就像简·法瑞尔在和凯特拉克伯爵私奔时戴的那顶一样。

当天晚上做着活儿,苏菲深深地感到自己的生活的确很无聊。她没有和帽子聊天,而是每做完一顶就试戴一下,照照镜子。真不该这样做的。古板的灰裙子不适合苏菲,尤其是在缝帽子的活计让她熬红了眼睛的时候。她的头发是红褐色的,青绿色或粉红色都和她不搭,而有蘑菇褶的那顶让她看起来灰头土脸。"活像一个老处女!"苏菲说。她并不想像简·法瑞尔那样和伯爵私奔,或者像莱蒂那样,让半个齐坪镇的人津津乐道她会嫁给谁。她想做点什么——她也不清楚具体是什么,但总比做帽子有意思。她琢磨着第二天抽出空闲去找莱蒂聊聊。

但她没有去。也许是没有时间,也许是没有精力,又或者是距离集市广场太远,她独自出行会有遇到巫师哈尔的危险——总之,去见妹妹的念头一天一天地变得困难重重。这可真奇怪。苏菲一直以来都认为自己几乎和莱蒂一样意志坚定,现在她发现有些事只有在自己找不到借口的时候才会去做。"真是荒唐!"苏菲说,"集市广场就隔了两条街,如果我跑过去——"于是她对自己发誓,一定要在五朔节帽子店休息的那一天去塞萨利家。

这段时间,店里传来新的小道消息。国王和自己的亲弟弟贾斯汀王子起了争执,据说王子被流放了。没人知道冲突的真正原因。但实际上,王子在几个月前乔装打扮,神不知鬼不觉地路过了齐坪镇。国王派凯特拉克伯爵前来寻找王子的下落,而他却找到了简·法瑞尔。苏菲听了有些伤感。有意思的事的确存在,只不过总是发生在别人身上。不过去找莱蒂也是好的。

五朔节到了。从一大早开始,节日的喜庆就充满了整个街道。芬妮早早地出门了,但苏菲还有几个帽子没做完。苏菲一边唱歌一边干活儿,毕竟就连莱蒂也逃不过干活儿。节日期间,塞萨利的店要到午夜才会打烊。"我要买一个他们家的奶油蛋糕。"苏菲决定,"我很久都没吃过了。"她看着橱窗前衣着光鲜的人群经过,有卖纪念品的,有踩高跷的,她兴奋极了。

可是当苏菲终于在灰裙子上面套了一条灰披肩跑到街上的时候,她却一点儿都激动不起来。她有点儿不知所措。人太多了,匆忙经过的人们大笑着,尖叫着,到处都是吵闹声,人们挤来挤去。苏菲觉得过去几个月以来坐着缝东西,自己已经变成了一个老太婆,有点儿不合时宜。她用披肩把自己裹住,沿着墙根慢慢走,免得被穿着讲究鞋子的人踩到,或者被丝绸袖子里的手肘撞到。突然,头顶上方不知道从哪里传来砰砰的响声,苏菲几乎吓晕了过去。她抬头看到巫师哈尔的城堡出现在镇子边缘的山坡上,近得就像坐在烟囱上似的。蓝色的火焰从城堡的四个塔楼里喷出来,蓝色的火球飞到高高的空中炸开,实在是太骇人了。也许是五朔节惊扰到了巫师哈尔,也可能他是在用自己的方式参与其中。苏菲觉得这一切都怪吓人的,顾不上想那么多,要不是已经走到去塞萨利的半路上,她一定选择掉头回家了。她跑了起来。

"是什么让我想要生活变得有趣的?"她一边跑一边问自己,"真是吓死我了。谁让我是三姐妹里的老大呢。"

当她来到集市广场时,情况变得更糟了。大多数酒馆都在广场附近。成群结队的年轻人喝得醉醺醺的,大摇大摆地走来走去。拖尾的斗篷、长长的袖子和带扣的靴子,是他们在平日里想都不敢想的打扮。他们高声喧哗,向女孩们搭讪。女孩们则结伴闲逛,等着被搭讪。在五朔节期间,这再正常不过了,但苏菲还是怕得不轻。当一名穿着梦幻的银蓝色服装的年轻人看到苏菲,并决定向她搭讪时,她缩进一家商店门口试图躲起来。

年轻人吃惊地看着她。"这不要紧的,你这只小灰老鼠。"他带着同情笑着说,"我只是想请你喝一杯。别害怕。"

他怜悯的表情让苏菲羞愧极了。他是自信潇洒的那种人,有一张棱角分明、成熟的面孔——对他二十来岁的年纪来说——和精心打理的金发。他的袖子比广场上任何一个人的都要飘逸,繁复的花边里镶着银线。

"哦,不用了,谢谢你,先生。"苏菲结结巴巴地说,"我,我要去看我妹妹。"

"那就尽管去吧。"老练的年轻人大笑,"我怎么会阻止一个漂亮姑娘去看她妹妹呢?你看上去很害怕,愿意让我陪你一起去吗?"

他的好意让苏菲比之前更羞愧了。"不,谢谢你,先生!"她深吸一口气,从他身边跑开了。他洒了香水,风信子的味道跟随着她。真是个讲究的人!苏菲一边想,一边穿过塞萨利店门外的几排小桌子。

桌子摆得满满当当。屋子里和广场上一样拥挤吵闹。在柜台前的一排店员里,苏菲一眼就看到了莱蒂,一群明显是农夫儿子模样的人们伸出他们的手肘,大声呼喊她的名字。莱蒂出落得更漂亮了,也许瘦了一点儿。她正快速地把蛋糕放进袋子里,在袋子上干净利落地轻轻一拧,每拧一个袋子就微笑着抬脸看对方一眼,接上一句。一片欢声笑语。苏菲不得不奋力挤到柜台前。

莱蒂看见她来了。刚开始她吓了一跳,然后喜笑颜开,大叫道:"苏菲!"

"我可以和你聊聊吗?"苏菲大喊,"换个地方。"她尖叫一声,有些无助,因为一只壮壮的、衣着考究的手肘把她从柜台前撞开了。

"稍等!"莱蒂大叫着回复。她转身对旁边的女孩说了几句悄悄话。女孩点点头,咧嘴一笑,然后取代了莱蒂的位置。

"现在换我了。"她对着人群说道,"下一个是谁?"

"但我们想和你说话啊,莱蒂!"一名农夫的儿子大喊。

"去和凯瑞说,"莱蒂说,"我这会儿要和我姐姐说说话。"没人把这话当真。莱蒂掀起盖板招呼苏菲过去,人们把苏菲挤到柜台那头,然后告诉她不能耽误太久。苏菲钻过盖板,莱蒂一把抓住她的手腕,把她拉进店铺后面。房间里面环绕着木头架子,每个搁板上都摆放着一排蛋糕。莱蒂拉出两条凳子。"坐吧。"她说。她漫不经心地看了看最近的一排搁板,从上面拿了一只奶油蛋糕递给苏菲。"饿了吧?"她说。

苏菲一屁股坐在凳子上,闻着蛋糕浓郁的香气,觉得有点儿想哭。"哦,莱蒂!"她说,"见到你太高兴了!"

"是的,你可得坐稳了啊。"莱蒂说,"听着,我不是莱蒂,我是玛莎。"

第二章

苏菲毅然踏上命运之旅

"什么?"苏菲瞪大眼睛看着对面凳子上的女孩。她看起来明明就是莱蒂啊。她穿着莱蒂第二漂亮的那条蓝色裙子,那蓝色太漂亮了,非常衬她。她还有着莱蒂的深色头发和蓝色眼睛。

"我是玛莎,"女孩说,"你逮到的那个裁坏莱蒂的丝衬裤的家伙是谁?我从没告诉过她,你呢?"

"也没有。"苏菲有些错愕地答道。她现在倒是能看得出来眼前的确是玛莎。模样虽是莱蒂,但那歪着头的样子,那双手环抱着膝盖、摆弄大拇指的方式,完全就是玛莎啊。"怎么会这样?"

"我一直都很怕你来找我。"玛莎说,"因为我知道瞒不住你。现在终于可以松一口气啦。答应我不要告诉别人。我知道你只要答应了就会保密的,你向来说到做到。"

"我答应。"苏菲说,"可是为什么呢?这到底是怎回事？"

"莱蒂和我合计好了，"玛莎摆弄着大拇指说，"因为莱蒂想学巫术，而我不想学。莱蒂有头脑，她一直都希望借此闯出一番天地——可又不敢告诉妈妈！妈妈太嫉妒莱蒂了，甚至从来不敢承认莱蒂有脑子！"

苏菲不相信芬妮会是这样的人，但她也顾不上追究了。"那你又是怎么回事？"

"吃口蛋糕吧，"玛莎说，"味道挺不错的。哎，没错，我也挺有脑子呀。我在费尔法克斯太太那里只花了两个星期就找到了我们现在用的咒语。我晚上起来偷偷地看了她的书，倒也不算难。然后，我提出能不能回家一趟，费尔法克斯太太答应了。她真是位顶好顶好的太太！她还以为我想家了呢。于是我带着咒语来到这里，莱蒂呢，则假扮成我的样子回到费尔法克斯太太身边。最难熬的是刚开始那周，我对本应熟悉的一切一无所知。太糟了。好在我发现人们还挺喜欢我的——他们喜欢我，你知道，只要你真心相待——然后就万事大吉了。费尔法克斯太太还没有把莱蒂赶走，所以我想她应该也熬过来了。"

苏菲啃了一大口蛋糕，可根本没心思留意蛋糕的滋味："但是，你为什么想这样做？"

玛莎在凳子上晃来晃去，咧着嘴笑得满脸通红——那是莱蒂的脸。她开心地玩着手指，粉红色的大拇指轻快地打着旋儿："我想结婚，生十个孩子。"

"你还没到那个年纪呢！"苏菲说。

"是还没到。"玛莎表示同意，"但你也看到了，我得早做准备才能行。你瞧，用这个方法，我就有大把的时间来验证我喜欢的人是不是也真心喜欢我。咒语会渐渐消退，而我会越来越像我自己。"

苏菲吓了一跳，她不知不觉间就把蛋糕囫囵吞下了肚，连是什么滋味都没有注意到。"为什么想要十个孩子？"

"因为我就想要这么多，"玛莎说，"只是以前没提起过罢了！你当时忙着帮妈妈为我合计所谓的大好前程，告诉你也没什么好处。你以为妈妈真是这么打算的，我原本也是这样想的，直到爸爸一走，我才看出来她只是想把我们赶走——把莱蒂放在她会遇到很多男人的地方，好让她早点嫁出去，然后再把我送得越远越好！我为此很生气，怎么可能不生气呢？我告诉了莱蒂，她也很生气，我们就一起商量好了要这么干。我们现在都过得不错，但我们挺担心你的。你这么聪明，又这么善良，不应该一辈子都被绑在帽子店里。可我和莱蒂商量来商量去，也没想出什么法子。"

"我挺好的。"苏菲急忙说，"就是有点儿闷。"

"挺好的？"玛莎不依不饶地说，"是啊，你当然过得挺好的。这么多天了，你一直没来过这儿，然后一现身就穿着这么一身谨小慎微的灰裙子，裹着老太婆式的披肩，看起来好像连我都能把你吓一跳了！妈妈都对你做了什么啊？"

"没什么，"苏菲不自在地说道，"我们一直挺忙的。你不应该这么说芬妮，玛莎，她是你的母亲。"

"是的，我就是太像她了，所以我对她的心思一清二楚。"玛莎反驳道，"这也是她之所以会把我送得那么远的原因，至少她是这么盘算的。妈妈知道,你不会待人冷酷,剥削人家,也知道你是多么尽职尽责。她知道你因为是家里的长女所以有些认命,她把你驯得服服帖帖,让你为她操劳,让你为她卖命。我敢打赌,她根本就没给过你工钱。"

"我还是个学徒。"苏菲辩解道。

"我不也还是个学徒吗?但我有工钱。塞萨利家的人认可我的价值。"玛莎说,"帽子店这些日子赚了不少钱,还不都是因为你!是你做的那顶绿色帽子,让市长夫人一戴上就变成了迷人的女学生,不是吗?"

"毛毛虫绿。我只是做了装饰。"苏菲说。

"还有简·法瑞尔遇到那个贵族时戴的软帽,"玛莎趁势继续说道,"你在帽子和衣服上有天赋,妈妈很清楚这一点!你是个天才,去年五朔节你给莱蒂做那件外套时,这一点就显露无遗了。现在你只得埋头挣钱,而她倒是乐得逍遥快活……"

"她是出门忙采购什么的去了。"苏菲说。

"采购?"玛莎叫了起来,她的大拇指打着旋儿,"那只需要她花上半个早晨的时间。我见过她,苏菲,也听过一些闲言碎语。她拿你挣来的钱换了身新衣服,坐着雇来的马车去山谷里把所有的豪宅都瞧了个遍!听说她要在溪谷地买下一座大房子,然后美美地过自己的小日子。到时候你又在哪儿呢?"

"唉,芬妮辛苦把我们拉扯大,犒赏自己一番也是无可厚非的。"苏菲说,"而我呢,会一直守着帽子店吧。"

"这也太惨了!"玛莎感叹道,"听着……"

就在这时,两个空的蛋糕托盘被从房间的另一头取走了,一个学徒探出头来。"我听到你的声音了哦,莱蒂。"他用一种亲热而调皮的语气咧开嘴笑着说,"面包新鲜出炉啦,告诉客人们一声。"说完他那沾着面粉的卷发脑袋又消失了。苏菲觉得他看起来是个不错的小伙子,她很想问这人是不是就是玛莎真正喜欢的那个,但不等她开口,玛莎就急忙蹦了起来,嘴里还喋喋不休着。

"我得让姑娘们把这些都抬到店里去,"她说,"帮我托一下另一头。"她拖出手边的一个托盘,苏菲帮她托着穿过一扇门,走进了闹闹哄哄的售卖间。"你得为自己打算,苏菲。"玛莎一边走,一边喘着气说,"莱蒂老说要是我们不在你身边给你打气,没准儿你会怎么样了呢。她真不是白担心。"

售卖间里,塞萨利夫人伸出结结实实的两条胳膊,从她们手上接过托盘,一面高声指挥着。立刻就有几个人跑过玛莎身边,去取更多的托盘。苏菲喊了一声再见,在喧嚣中悄悄抽身离开了,心想似乎不应该再占用玛莎的时间。而且,她打算一个人静静地想一想。她一路往家跑去。这时有烟花从河边的集市上升起,与哈尔的城堡里飞出的蓝色火炮相映成趣。苏菲觉得自己从来没有这么没精打采过。

事情似乎并不像她想的那样。莱蒂和玛莎真是让她大吃一惊。她误解了她们多年,但她还是不敢相信芬妮是玛莎说的那种女人。

接下来的日子里,苏菲有大把时间可以用来思考,因为贝茜正好不在——她要结婚了,而苏菲大部分时间都是一个人在店里。芬妮似乎确实经常外出,不管她是不是逍遥去了,五朔节过后，帽子店的生意便差了很多。三天后，苏菲鼓起勇气问芬妮："我能有工钱拿吗？"

"当然，亲爱的，一个子儿也少不了你的！"芬妮一面对着店里的镜子整理一顶玫瑰花边的帽子，一面热情地回答，"等我今天晚上把账目整理好了就兑现。"然后她就出门了，直到晚上苏菲关上店门，把当天的帽子拿到阁子里去装饰，她才回来。

苏菲起初为自己听了玛莎的话而有些自责，但无论是那天晚上还是那个星期以后，芬妮再也没有提起过工钱的事，苏菲开始觉得玛莎说得没错。

"也许这对我来说不太公平，"她对着一顶用红绸子和一束蜡樱桃装饰的帽子说，"总得有人干活儿吧，不然哪来的帽子可卖呢？"她做好了那顶帽子，又开始做一顶黑白相间的帽子，那帽子很是时髦。这时，一个相当新奇的想法出现在她的脑海里。"没有帽子可卖，又有什么关系？"她问道。她环视了一圈那些已经成型的帽子，有的摆放在架子上，有的叠成一堆等着加工。"你们到底有什么好处？"她问它们，"你们显然对我一点儿好处也没有。"

她差一点儿就要离开这个家，踏上寻找自己命运的旅途了，直到她想起自己是长女，怎么可能走得开呢？她又拿起了帽子，叹了口气。

第二天一早，苏菲正闷闷不乐地独自守在店里，这时，一个相貌平平的年轻女顾客冲了进来，手上拎着一条蘑菇褶软帽的饰带，呼呼地在空中转着圈儿。"瞧瞧！"年轻的女顾客惊叫道，"你口口声声说这和简·法瑞尔遇到伯爵时戴的帽子是一样的。你准是撒谎了,我戴上这帽子后啥好事也没碰上!"

"我一点儿也不奇怪。"苏菲想也没想就说,"你要是傻到把那顶帽子戴在自己那副尊容上,就算是国王亲自来追求你,你也认不出来呀。不过没准儿他一看到你就先变成石头[1]了。"

女顾客生气地瞪了苏菲一眼,然后把软帽扔给苏菲,夺门而出。苏菲小心翼翼地把帽子收进了旧篮子里,心怦怦地跳着。按规矩:发一次脾气,少一个顾客——她刚刚证明了这条金规铁律。可她竟然为刚才发生的事感到愉快,这让她有些许不安。

还没等苏菲回过神来,门外响起了一阵车轮声和马蹄声,一辆马车在窗户上投下了暗影。店里的铃铛叮当作响,走进来一位她有生以来见过的最气派的客人。客人的手肘上搭着一条貂皮披肩,身上那条绣满钻石的黑裙闪闪烁烁。苏菲的目光首先被这位女士的宽大的帽子吸引了——货真价实的上色鸵鸟翎子,映照出钻石扑闪扑闪的粉色、绿色和蓝色,但看起来又似乎仍是黑色的。真是一顶雍容华贵的帽子。这位女士的脸庞被打扮得相当精致漂亮,栗棕色的头发衬得她很年轻,不过……苏菲的目光落在了跟随这位女士进来的那个年轻人身上,他的脸部线条不太分明,头发微红,衣着整齐,但脸色苍白,显然很不安。他盯着苏菲,眼神中带着一种恳求的惶恐。他显然比这位女士还要年轻。苏菲有些看不明白。

"海特小姐?"女士用一种悦耳却又带着命令的声音问道。

---

[1] 在希腊神话中有一个蛇发女妖美杜莎,凡是被她看了一眼的人都会变成石头。

"我就是。"苏菲答道。那年轻人看起来似乎更惊慌失措了,也许这位女士是他的母亲。

"我听说你们这儿卖的帽子最上等,"女士说,"让我见识见识。"

苏菲心想,以自己现在的情绪来应答的话不太明智。她二话不说,搬出了帽子。没有一顶帽子与这位女士的气质般配。她能感觉到年轻人的目光在跟着她,这让她很不自在。这位女士越早发现帽子不适合自己,这对奇怪的男女就能越早离开。她按照芬妮的建议,先把最不登对的那些拿了出来。

这位女士立刻开始了诘难。"小酒窝。"她拎起粉色软帽,又对毛毛虫绿的那顶说,"青春。"她对那顶闪闪发光的面纱帽说,"神秘的诱惑。真是此地无银,你还有别的货色吗?"

苏菲拿出了那一顶时髦的黑白相间的帽子,这是唯一一顶有可能引起这位女士兴趣的帽子,但还是……希望渺茫。

这位女士轻蔑地看着它:"这一顶对任何人都没半点用处。你这是在浪费我的时间,海特小姐。"

"因为您进来说要看帽子,"苏菲说,"这不过是小镇上的一家小小帽子店,夫人。您为什么——"女士的身后,年轻人站着,大气也不敢出,似乎试图悄悄给苏菲打着什么警告的手势。"——还进来费这番工夫呢?"苏菲说完,不知会发生什么。

"我可不怕费工夫,但凡有人敢跟荒野女巫过不去——"那位女士说道,"海特小姐,我听说过你,我对你的竞争和你的敌意不屑一顾。我是来阻止你的。"她猛地伸出五指,对着苏菲的脸一甩手。

"你就是荒野女巫?"苏菲颤抖了一下,她的声音似乎因为恐惧和惊讶而变得很奇怪。

"正是。"那位女士说,"让我来教教你怎么少管别人的闲事。"

"我想我没有。一定是有什么误会。"苏菲呜咽着说。年轻人这会儿正惊恐地盯着她,尽管她毫无头绪。

"没有错,海特小姐。"荒野女巫说道,"我们走,盖斯顿。"她转身疾步朝着店门走去。当那个年轻人谦恭地为她打开门的时候,她又回头看向苏菲。"对了,你可不能告诉别人你中了魔咒。"她说。说完她便离开了,只剩下店门像丧钟一样来回摆动着,嘎吱作响。

苏菲将手放在脸上,不知道那个年轻人刚才究竟在盯着她看什么。她摸到了松垮垮皱巴巴的褶子。她看了看自己的手。那双手也布满了皱纹,而且枯瘦如柴,手背青筋暴露,指节跟小丘似的隆起。她把灰色的裙子拉到腿上,低头看了看干瘪衰老的脚踝和把鞋子撑得凹凸不平的双脚。这是一双九十岁老人的脚,如假包换。

苏菲发现自己不得不蹒跚着才能走到镜子前。镜子里的脸很平静,因为这不出她的所料:那是一张憔悴的老妇人的脸,面色枯黄,白发稀疏。那双眼珠有些浑浊,从镜子里瞪着她,真够瘆人的。

"别担心,老东西,"苏菲对着那张脸说道,"你看起来还挺健康的。而且,这更像你本来的样子嘛。"

她想了想自己的处境，颇为平静。一切似乎都变得安静而又遥远，她甚至没有把怨气撒在荒野女巫头上。

"嗯，将来有机会的话，我当然要找她算账的。"她告诉自己，"说起来，要是莱蒂和玛莎都能接受交换后的身份，我也能忍受这副模样。但我不能留在这里，芬妮不可能接受我这个样子。让我想想看。这件灰色的裙子很合适，我还得拿上我的披肩和一点儿吃的。"

她蹒跚着走到店门口，小心翼翼地挂上了"休息中"的告示牌。每一个关节都随着她的动作吱吱作响，苏菲不得不弓着身子慢吞吞地走着。她挺庆幸自己是个还算硬朗的老太太。她并没有感到虚弱或者不舒服，只是有点儿僵硬。她步履蹒跚地拿起披肩，像老妇人一样，用它裹住自己的头和肩膀。然后，她慢慢地挪进屋里，拿起了自己那装了几枚硬币的钱包以及一袋面包和奶酪。她出了屋子，小心地把钥匙藏在老地方，沿着街道步履缓缓地走着，惊讶于自己还能如此平静。

她确实有过和玛莎道别的念头，但她怕玛莎认不出她，最好的办法就是一走了之。苏菲决定，一旦她找着落脚的地方就给两个妹妹写信。她继续走着，穿过集市，跨过小桥，来到了乡间小道上。那是一个温暖的春日。苏菲发现，变成个小老太婆之后尽管眼睛有些老花，却也能一路欣赏山楂花丛的景色和气味。她的背开始痛了。她走得还算稳健，但还需要一根拐杖。她在灌木丛中搜寻着，指望能捡到根松动的树枝之类的。

显然，她的眼神可没有以前那么好使了。她以为在一英里开外瞧见了一根棍子，但当她走近把它拔出来的时候，这才发现那不过是被人丢弃掉的一个稻草人,倒栽葱触地。苏菲把那东西竖了起来,它的脸是一个大头菜。苏菲心里升起了一种同病相怜的感觉。她没有把稻草人拆掉作为拐杖,而是把它插在两丛灌木之间,让它像个稻草人那样立着。它的两只破袖子随风摆动,像两只手臂似的潇洒地挥舞在灌木丛上空。

"行啦。"她一开口便被自己苍老而粗哑的声音吓了一跳,接着便爆发出一阵沙哑的笑声,"我们都会好起来的,是不是,朋友?如果我把你留在别人能看到的地方,也许你就会回到你的田里去。"她再次上路,但忽然想到什么,于是她转过头去。"如果不是在家中排行老大,我也不会注定失败的,"她对稻草人说,"你就可以活过来,助我一臂之力。但无论如何,我还是祝你好运。"

她一边走一边又咯咯地笑了起来。也许她有点儿疯了,但老太婆不都是这样的吗!

一个多小时后,当她坐在田埂上歇脚,吃着面包和奶酪时,她找到了一根棍子。身后的树篱里传来了一些声响:先是几声轻微的吱吱声,紧接着是重重的呻吟声,把树篱上的山楂花丛花瓣都震掉了。苏菲以瘦骨嶙峋的双膝着地,匍匐着穿过树叶、花草和荆棘,爬到灌木丛里面,发现了一条瘦弱的灰狗。它绝望地被一根结实的枝丫困住了,而那枝丫不知怎么的就和狗脖子上的绳子缠作了一团。那根枝丫夹在灌木丛中的两根树枝之间,使得这条狗几乎不能动弹。它瞪大眼睛,一个劲地朝苏菲眨巴着。

作为一个女孩,苏菲自然是怕狗的。即便成了一个老妇人，她也还是怕得不轻，因为那家伙张开的大嘴里有两排白晃晃的尖牙。但她自言自语道："人老了以后的好处是，没有什么可害怕的了。"她从针线包里摸出剪刀，拨开灌木丛，想要去铰狗脖子上的绳子。

那只狗野性十足，它退缩着，咆哮着。但苏菲还是勇敢地铰了下去。"你会饿死的，要不就被勒死，我的老伙计，"她用她那苍老粗哑的声音对狗说，"除非你让我帮你松开。其实我猜已经有什么人想要勒死你了，也许这就是你发狂的原因吧。"绳子牢牢地拴在狗脖子上，和枝丫死死地绕在一起。苏菲铰了很久，绳子才终于解开，狗从枝条下奋力抽身而出。

"要不要来点面包和奶酪？"苏菲问它。但那只狗只是对着她咆哮了一声，便从灌木丛的另一头挤出去，一溜烟跑了。"连声谢谢都还没说呢！"苏菲说着，揉了揉酸痛的手臂，"不过你倒是没留神给我留下了一件好东西。"她把之前困住狗的那根枝丫从灌木丛里拔出来，发现那是一根修剪得很好的手杖，顶端还以铁包镶着。苏菲吃完了面包和奶酪，继续上路。小路越来越陡，多亏这根手杖帮了大忙。它还是一个可以交谈的对象，苏菲使劲拄着拐杖，一边和它聊了起来。毕竟老人家都爱自言自语。

"救了两个家伙，"她说，"什么神奇的事情也没有发生。不过，你还是根很好的拐杖。这不是埋怨哩，我肯定还会有第三次邂逅，不管神奇不神奇。其实，我倒是存心想再碰上一件呢，不晓得将会是什么呢。"

就在当天傍晚，第三件奇遇发生了。那时苏菲已经奋力登上了山坡，一个乡下人吹着口哨沿着小路向她走来。是个照料完羊群回家的牧羊人吧，苏菲心想，这人约莫四十岁，真是个精神抖擞的小伙子啊。"天哪！"苏菲自言自语道，"要是今天早上碰上，我准把他当成一个上了年纪的人。人的想法变得也太快了！"

牧羊人看到苏菲在喃喃自语，便颇为小心翼翼地走到路的另一边，热情地大声招呼道："晚上好，老妈妈！您这是上哪儿去？"

"老妈妈？"苏菲说，"我才不是你妈妈呢，年轻人！"

"不过是说句客气话嘛，"牧羊人边说边贴着他那一侧的树篱走着，"见到您这么晚还在山里走，我呢，就礼貌地打听一下。您不会是想在天黑前下山，赶到叠嶂坡去吧？"

苏菲没有考虑过这个问题。她站在路边想了想。"去哪儿没什么要紧的，"这话一半是说给她自己听的，"到外头来闯荡就不能太计较这些。"

"您不是说真的吧，老妈妈？"牧羊人说，他现在已经贴着树篱绕开了苏菲，看上去松了一口气的样子，"那我祝您好运，老妈妈。只要别打乡亲们的牛羊的主意。"他大步流星地走远了，几乎是跑着离开的。

苏菲愤愤不平地盯着他的背影。"他以为我是个老巫婆！"她对着拐杖说。她起了点想嘟嚷几句吓唬牧羊人的心思，但这似乎有点儿不近人情。她喃喃自语，继续上山。不一会儿，灌木丛消失了，露出了光秃秃的山脊，上面是寻石楠高地，再往上是一片陡峭的山坡，长满张牙舞爪的黄色野草。苏菲面无表情地继续往前走。她的一双老腿疼了起来,背和膝盖也开始疼了。她没力气咕哝了,只是气喘吁吁地继续朝前走着,直到太阳落到了地平线下。突然间,苏菲觉得自己一步也走不动了。

她瘫倒在路边的一块石头上,不知道接下来该怎么办。"我现在最想要的无非是一把舒适的椅子!"她喘着气说。

那块石头恰好位于一处岬角,这让苏菲来时的路一览无遗。夕阳下,山谷壮丽的景色在她的脚下延伸:田地、墙垣、树篱、蜿蜒曲折的河道,以及在树丛中金光耀眼的宅邸,一直到远处的青山。齐坪镇就在她的脚下。苏菲能俯瞰到镇上的主要街道,还能认出集市广场和塞萨利家的糕点铺。她甚至可以直接扔块石头到帽子店隔壁房子的烟囱里去。

"根本就没走多远啊!"苏菲沮丧地对她的拐杖说,"走了那么久的路,结果就只走到自家屋顶上。"

太阳落山后,石头上有了些凉意。阵阵冷风吹来,让苏菲无处可躲。现在看来,"去哪儿没什么要紧的,到外头来闯荡就不能太计较这些"这样的话就说得有点儿太早了。她发现自己想要一把舒适的椅子和一个生火的炉子的念头越来越强烈,脑子里还不禁想到了无边的黑暗和野地的动物。但是,如果这会儿再折回齐坪镇,还不等走到就已经是半夜了,她还不如继续朝前走。苏菲叹了口气,摇摇晃晃地站了起来。她浑身酸痛,这感觉糟透了。

"我以前从来没有意识到老人家得受这么些苦!"她一边喘着气,一边艰难地往山上走着,"不过,我想狼不至于会吃了我,我太干巴巴了。这样想想倒也算是一桩好处。"

夜幕很快降临了，寻石楠高地呈现出蓝灰色。冷风更加刺骨。苏菲听见自己的喘息声和腿脚的嘎吱声响彻耳际，过了好一会儿，她才注意到有些窸窸窣窣的声音根本不是来自自己。她茫然地抬头看了看。

巫师哈尔的城堡正隆隆作响，那响声隔着荒原向她袭来。一团团黑色的烟雾从它黑乎乎的城墙后方冒了出来。它看起来又高又瘦，又重又丑，的的确确称得上是阴森可怖。苏菲靠在她的拐杖上，看着这座城堡。她并没有感到特别害怕，她想瞧瞧它是怎么移动的。但她脑海中最强烈的念头是，这些烟雾意味着那些高大的黑墙内的某处有一个大大的壁炉。

"嗯，好吧。"她对着拐杖说，"巫师哈尔应该不会想要我的灵魂作为他的收藏品，他只要年轻女孩的。"

她豁出去了，举起拐杖对着城堡挥舞着。

"停下！"她颤颤巍巍地喊道。

在离她大约五十英尺外的山坡上，城堡顺从地停了下来。苏菲心中满怀喜悦，她蹒跚着向它走去。

第三章

苏菲进入城堡做了交易

苏菲面前是黑墙里的一扇黑色大门,她迈着蹒跚而轻快的步伐走上前去。凑近了看,城堡显得更丑陋了。它实在是太高了,而且奇形怪状的。夜色渐浓,苏菲只能看清它是用巨大的黑砖头砌成的,就像煤块,而且和煤块一样形状大小不一。待她离得更近了些时,发觉砖头散发出阵阵阴森寒气,可这丝毫没有把她吓退。苏菲脑子里全是椅子和壁炉,于是她迫不及待地朝大门伸出手去。

可她的手无法触及,一堵隐形的墙把她的手挡在一英尺开外的地方。苏菲着急地用手指戳来戳去,接着又用上了拐杖,可都不管用。无论是她的拐杖能够到达的最高处,还是低至门阶下伸出的寻石楠,那堵无形的墙似乎罩住了整个大门。

"开门!"苏菲高声叫道。

可那堵墙丝毫不为所动。

"很好,"苏菲说,"我去找后门。"她蹒跚地朝城堡左边的角落走去,那里距离最短,也有一点儿下坡路。但她绕不过去。她刚走到和不规则的黑色基石同一高度时,无形的墙又一次挡住了她。这次,苏菲忍不住骂了一句任何淑女都不该知道的话,那是她从玛莎那里学来的。她迈着沉重的脚步上坡,逆时针走到城堡右边的角落,那里没有障碍物。她转过弯,迈着蹒跚的步子,急切地朝城堡另一侧的黑色大门走去。

那扇门也被屏障罩住了。

苏菲怒目而视。"这实在是太不友好了。"她说。

黑烟从高耸入云的城垛里冒出来,苏菲呛得直咳嗽。现在她气坏了。她年迈虚弱,全身又冷又痛。夜幕降临,那座城堡却在那儿朝她吐着烟。"这事儿我得和哈尔理论一番!"她说罢,便恶狠狠地朝下一个角落出发。那边没有障碍——显然你要逆时针绕城堡一圈——那里的墙边上有第三个门,这扇门小得多,也破旧得多。

"终于找到后门了!"苏菲说。

苏菲刚走近后门,城堡就开始移动。大地震动,墙壁战栗,那扇门嘎吱作响,从她侧身移开。

"哦,别这样!"苏菲大叫。她追着门跑,用拐杖狠狠地敲门。"开门!"她喊道。

门从里面弹开了,但仍然在远离她。苏菲踉跄着追赶,好不容易才把一只脚踏上门前的台阶。她奋力一跃,接着又跳了一次。城堡在崎岖的山路上加速前进,门框周围巨大的黑砖头摇摇晃晃,咔嚓作响。苏菲并不奇怪城堡是倾斜的,但它没有当场散架可真是个奇迹。

当她缓过劲来,发现有一个人站在自己面前把着门。他足足比苏菲高出一个头,但她还是一眼就看出来他不过是个孩子,只比玛莎大那么一点儿。他似乎想把她关在外面,把她从他身后那个温暖明亮、横梁很低的屋子里赶出去,让她重新跌回到黑夜里。

"你怎么忍心把我关在外面,孩子!"她说。

"我没这个意思,但是你这样我没法关上门。"他抗议道,"你想干吗?"

苏菲环视着男孩的后面。许多可能是和巫师有关的东西悬挂在横梁上——用线穿起的洋葱啦,一束束草药啦,捆在一起的奇怪根茎啦。还有一些东西一看就和魔法有关,比如皮革封面的书,扭曲的瓶子和一个陈旧的、咧着嘴的棕色骷髅头。男孩的另一侧是一个壁炉,炉膛里有小小的火苗在燃烧。比起喷到外面的那些浓烟,这火苗也太小了。不过这显然只是城堡的一间后屋。对苏菲来说,最重要的是,明亮的炉火烧得红红的,蓝色的火焰在木柴上跳舞,旁边有一张带坐垫的椅子,那是再暖和不过的位置了。

苏菲把男孩推到一旁,朝椅子冲过去。"啊!我真幸运!"她说。她舒舒服服地坐在里面,享受极了,温暖的炉火缓解了她的疼痛,椅子支撑着她的背。若是有人想赶她出去,他们必须得用最强效最蛮横的魔法才能办到。

男孩关上门,然后拾起苏菲的拐杖,礼貌地把它靠在椅子上。苏菲意识到,在城堡内,一点儿都感觉不到它在翻山越岭,连一丁点儿轰隆声和一丝摇晃都没有。真是怪了!

"告诉巫师哈尔,"她对男孩说,"城堡再走远一点儿,他就能听到它散架的声音了。"

"城堡被施了魔法,不会解体的。"男孩说,"不过哈尔现在不在这里。"

这对苏菲来说倒是个好消息。"他什么时候回来?"她微微有些紧张地问。

"可能要到明天了。"男孩说,"你需要什么?我可以帮你吗?我是哈尔的学徒迈克尔。"

这真是再好不过了。"恐怕只有巫师哈尔能帮到我。"苏菲迅速而肯定地说,也许这倒是真的,"你不介意的话,我可以等。"

迈克尔当然介意。他在她旁边走来走去,不知道怎么办才好。为了显示她绝不会被一个学徒赶出去,苏菲闭上眼睛,假装要睡了。"告诉他我的名字是苏菲,"她喃喃地说,"老苏菲。"她补充道,这样更保险。

"也许要等整整一个晚上。"迈克尔说。苏菲假装没听见,因为这正中她下怀。实际上她差不多已经开始打盹儿了。走了那么多路,她累坏了。过了一会儿,迈克尔任由她去了,自己回到亮着灯的工作台继续干活儿。

虽然有点儿误打误撞,她今晚总算有了一个栖身之处,苏菲昏昏沉沉地想。既然哈尔是个坏人,占他点便宜也没什么大不了的。她打算在哈尔回来把她撵走之前离开。

她用蒙眬的睡眼偷偷看着那个学徒。他是个那么友善和礼貌的男孩子,这让她有些意外。毕竟她是硬闯进来的,迈克尔却一句抱怨也没有。也许是哈尔把他驯服得那么顺从的。但迈克尔看起来并不是卑屈的人，他个子高高的，皮肤黝黑，脸上有种乐观开朗的神情，衣着非常得体。要不是苏菲当时目睹他小心地把绿色液体从一个歪歪扭扭的瓶子倒进一个装着黑色粉末的弯曲玻璃罐里，她一定会认为他是一个富农的儿子。真是太奇怪了！

和巫师有关的事当然是奇怪的，苏菲想。这间厨房，或者说工作室，令人感到舒适平静。苏菲真的睡着了，还打起了呼噜。工作台上闪过一道亮光，传来一声闷响，迈克尔匆匆骂了一句，她没有醒。迈克尔吮吸着被烫到的手指，不打算今晚再练咒语，从橱柜里找出了面包和奶酪，她也没有醒。迈克尔把她的拐杖碰到地上发出轻响，越过她去添柴火，她仍然没有察觉。迈克尔俯视她张开的嘴巴，对壁炉说："她牙齿齐全，不是荒野女巫，对吧？"

"如果是的话，那我就不会放她进来了。"壁炉顶了回去。

迈克尔耸耸肩，捡起苏菲的拐杖礼貌地放好。接着他同样彬彬有礼地在火里添了柴火，到楼上什么地方去睡觉了。

苏菲半夜里被打呼噜的声音吵醒了。她一下子坐起来，却懊恼地发现打呼噜的人就是她自己。她觉得自己就睡了一秒钟，迈克尔眨眼间消失了，灯也熄灭了。难怪巫师的学徒在他们的第一个星期要学这种东西。他把炉火调得很小，火焰发出烦人的咝咝声和轻微的爆破声。她背后一阵凉意。苏菲想起自己在哈尔巫师的城堡里，让人最不安的显然是后面工作台上的骷髅头。

她哆嗦着把僵硬的脖子扭过去，身后只有一片黑暗。"再亮一点儿，怎么样？"她说。她嘶哑的声音似乎还不如炉火发出的噼啪声大。苏菲有些意外，她以为回声会响彻城堡的穹顶。她身边有一篮子木柴，她伸出关节咔嗒作响的手臂，搬起一根木头添进炉火，蓝绿色的火星飞蹿进烟囱里。她又添了一块木柴，然后坐回去，紧张地望了望身后，蓝紫色的炉火照射在光滑的棕色头骨上，就像是在舞蹈。这个房间不大，里面没有别人，只有苏菲和那个骷髅头。

"他两只脚都进了坟墓，而我才进了一只。"她安慰自己。她转向炉火，火焰现在是蓝绿色的。"木头上一定有盐。"苏菲喃喃自语。她让自己坐得更舒服一些，把关节突起的脚放到炉边，头放在椅子边缘，这样她可以一边看着彩色的火焰，一边迷迷糊糊地思考早上应该怎么办。但从火焰里想象出来的一张面孔让她有点儿分心。"是张瘦瘦的蓝脸，"她自言自语，"又瘦又长，还有个瘦瘦的蓝鼻子。上面那些卷曲的绿色火焰一定是你的头发。如果哈尔回来我还没走会怎样？我想巫师一定会解除咒语吧。下面那些紫色的火焰就是嘴巴了——你的牙齿真可怕，我的朋友。那两道绿色的火焰就是你的眉毛……"有趣的是，仅有的橙色火焰刚好就在绿色的眉毛火焰下面，就像两只眼睛，并且每一只中间都闪着一丝紫光，苏菲几乎可以想象他在盯着自己，就像瞳孔一样。"话又说回来，"苏菲看着橙色的火焰继续讲下去，"万一咒语破除了，我都来不及转身，心脏就会被吃掉吧。"

"你不想自己的心脏被吃掉吗？"火焰问道。

那绝对是火焰说出的话。苏菲看见他紫色的嘴巴在动，话从里面传出来。他的声音几乎和自己一样嘶哑，充满了木头燃烧时发出的噼啪声。"我当然不愿意了。"苏菲回答，"你是谁？"

"火魔。"紫色的嘴巴回答。他说话的时候，呼哧呼哧的声音盖过了噼啪声。"我被契约困在炉膛里了，我不能离开这里。"随后声音变成轻快的噼啪声。"你又是谁？"他问，"我看得出你被施了魔咒。"

听到这话，苏菲如梦初醒。"你看出来了！"她大叫，"你可以解开咒语吗？"

火焰沉默地燃烧了一阵，火魔摇曳的蓝脸上那双橙色的眼睛上下打量着苏菲。"这是个很强的咒语。"他说，"感觉就像荒野女巫对我施的那种。"

"的确如此。"苏菲说。

"但似乎没那么简单。"火魔嘶哑地说，"我看出它有两层。当然，你不能告诉别人，除非他们自己知道。"他又久久地凝视着苏菲。"我得研究一下。"他说。

"需要多久？"苏菲问。

"得花点儿时间。"火魔说，然后他用一种轻柔的、劝说的口气闪烁着，"我们做个交易如何？如果你同意破除束缚我的契约，我就解开你的咒语。"

苏菲戒备地看着火魔瘦瘦的蓝脸。他做这个提议时，脸上明显流露出狡猾的神情。她读过的所有书都记载着，和魔鬼做交易是极其危险的事。毫无疑问，眼前这只看起来尤其邪恶，特别是那些长长的紫色牙齿。"你保证你是真心实意的吗？"她问。

"并不完全是。"火魔承认，"你想到死都是这副模样吗？老实说，这个咒语让你的寿命缩短了大概六十年。"

真是太糟了，这是苏菲到现在一直试图避免去想的事，事关重大。"你的这个契约，"她说，"是和巫师哈尔订下的，对吗？"

"当然。"火魔说，他的声音又变得有点儿呼哧呼哧的了，"我被困在这个炉膛里，一步都动不了。我被迫承担这里大部分的魔法。我必须维护城堡，让它移动，还要做出特效把人们吓跑，以及哈尔要求的任何事。你知道，哈尔特别没心没肺。"

苏菲当然很清楚哈尔是没心没肺的，火魔说不定也一样邪恶。"契约就没让你得到一点儿好处吗？"她说。

"要是没有的话，我也不会答应。"火魔沮丧地闪烁着，"可要是早知道是这么个下场，我是绝对不干的。我被剥削了。"

尽管她仍然保持警惕，苏菲还是对火魔产生了同情。她想到自己为芬妮做帽子的时候，芬妮却在外面闲逛。"好吧。"她说，"契约的条款是什么？我要怎么破除？"

火魔咧开嘴，蓝色的脸上蔓延开一个热切的紫色笑容："你同意这桩交易了？"

"前提是你得解除我的咒语。"苏菲说，带着一种破釜沉舟的勇气。

"成交！"火魔欢呼，他的长脸欢快地蹿进烟囱，"你破除我的契约，我就马上解开你的咒语！"

"那么告诉我该怎么破除你的契约。"苏菲说。

火魔的橙色眼睛对着她眨了眨，然后移开了视线。"我做不到。契约包含了巫师和我都不能泄露的部分，如何破除它。"

苏菲知道自己被愚弄了。她张口对火魔说，那么就待在壁炉里直到世界末日吧。

火魔意识到她真的生气了。"别草率行事！"他噼里啪啦地说，"如果你仔细观察、聆听，就能找出答案。我求你试一试。长远来说，这个契约对你我都没好处。我一定会信守承诺的。我被困在这里是事实，我说话算数！"

火魔说得那么诚恳，在木柴上剧烈地跳动。苏菲再次对他产生了同情。"可是倘若要我观察聆听，就意味着我得留在哈尔的城堡里。"她反驳。

"大概只需要一个月。别忘了，我还要研究你的咒语呢。"火魔恳求道。

"可是我用什么借口留下来呢？"苏菲问。

"我们可以想一个。事实上，哈尔在大部分事情上都挺傻的。"火魔说着发出恶毒的嗞嗞声，"他只关心自己眼皮子底下那点儿事。我们可以骗过他——只要你愿意留下来。"

"很好，"苏菲说，"我会留下来。赶紧想一个好借口吧。"

她舒舒服服地在椅子上坐下来等火魔思考。他思考的时候动静很大，一边发出噼啪声，一边晃动着喃喃自语，这让苏菲回想起她在来的路上和自己的拐杖说话。他熊熊燃烧，发出高兴和充满力量的咆哮，苏菲又开始昏昏欲睡。火魔提了好几个建议。她记得自己摇头拒绝假装是哈尔失散很久的姨婆,还有一两个更离谱的,她都记不清了。最后火魔开始吟唱一首温柔摇曳的小曲。那是苏菲听不懂的语言——她以为自己不懂,直到她清晰地听到"平底锅"这个词出现了好几次。那种声音相当催眠。苏菲沉沉睡去,有些怀疑自己中了魔法,而且还被诱骗了,不过那又有什么关系呢?她很快就能从咒语里解脱出来了……

第四章

苏菲发现一串奇怪之事

当苏菲醒来的时候,阳光正洒落在她的身上。在苏菲的记忆中,城堡里是没有窗户的,所以她的第一个念头是自己在做帽子时睡着了,离家出走只是一场梦境。眼前的火堆已经快要熄灭了,只剩玫瑰色的木炭和白色的灰烬,这让她确信火魔也是梦境的一部分。她刚一起身,便意识到自己并非是在做梦——她浑身上下发出了一阵清清楚楚的咔嗒声。

"哎哟!"她惊呼道,"我浑身都疼!"这声惊呼是那么微弱而沙哑。她把骨节突出的双手贴在脸上,摸到了皱纹。这时,她才发现自己从昨天以来一直都处于惊魂未定的状态。她对荒野女巫给自己施咒这件事着实感到生气,非常、极其、超级生气。"闯进店来把人给变老了!"她骂道,"哼,我可不会那样待人!"

苏菲被愤怒点燃了,一跃而起,浑身嘎吱作响,蹒跚走到那扇之前并未留意过的窗户前。窗户就开在工作台上方。让她大吃一惊的是,窗外是一个港口小镇。她看到了一条斜斜的、未经铺砌的街道,街道两旁是一些看起来相当简陋的小房子,屋顶后面露出高高耸立的桅杆。在更远的地方,是泛着波光的大海,这是她此前从未见过的景象。

"我这是在哪里?"苏菲问工作台上的骷髅头,"我不指望你能回答,我的朋友。"她又急忙补充道。苏菲想起来这是一座巫师的城堡,她转过身打量起了整个房间。

这房间真够小的,天花板上低坠着黑色的横梁。在大白天一看,屋子里头真是脏得惊人。地上的石板沾满了油污,滑腻不堪;炉膛内堆满了灰烬;房梁上挂着满是灰尘的蜘蛛网。连那骷髅头上都积了一层灰尘。苏菲随手擦掉了那层灰尘,一边瞥了一眼工作台旁边的水槽。她盯着里面粉红色混着灰色的黏液,以及上方的水泵滴下的白色黏液,不禁打了个寒战。哈尔显然并不关心他的仆人住在一个多么邋遢的地方。

房间里有四扇低矮的小黑门,应该是通往城堡的其他地方的。苏菲打开了工作台后的墙上离自己最近的那扇门。门后是一个大浴室。说起来,这是一个通常只有在皇宫里才会有的浴室,里面尽是些豪华的设施,比如室内马桶、淋浴间、带四足的大浴缸,墙上还挂满了镜子。不过这里比刚才的房间更脏。苏菲颤颤巍巍地从马桶旁逃开,还被浴缸的颜色吓得不轻,淋浴间里长出的绿色杂草也让她心生恐惧。某种说不出来是什么的东西在玻璃镜面上留下了斑斑点点、横七竖八的污迹,这倒帮了苏菲一个大忙,她不用从镜子里看到自己那干瘪的身形。那些说不出来是什么的东西呢,则挨挨挤挤地堆放在浴缸上方的一个很大的架子上,它们被装在罐子、盒子和管子里,还有几百个破烂的棕色袋子和纸质袋子里。最大的一个罐子有名字,歪歪斜斜地写着"干燥分"。苏菲不知道是不是应该写作"干燥粉"。她随手拿起了一个袋子,上面潦草地写着"皮肤",她赶紧把它放了回去。另一个罐子上也潦草地写着"眼睛"的字样。还有一个罐子上写的是"腐蚀用"。

"恐怕也能用得上哩。"苏菲喃喃地说着,一面打量了一眼洗脸盆,禁不住打了个冷战。她转动一个可能是黄铜制成的蓝绿色旋钮,水流了出来,冲刷掉了一些污物。苏菲就着流水冲洗了一下手和脸,没有碰盆子。她没敢用"干燥分",而是在裙子上擦干了脸和手,然后向旁边的黑门走去。

那扇门通往一扇摇摇欲坠的木质楼梯。苏菲听到有人在上面走动,就赶紧把门关上。反正那楼梯大概也只是通向一个阁楼什么的吧。她蹒跚着走到了下一扇门前。现在她已经能行动自如,正如她昨天就发现的那样,她是一个硬朗的老太婆。

第三扇门通向一座有着高大砖墙的后院。院子里堆着一堆原木,还有一大堆似乎是废铁、车轮、水桶、铁皮、铁丝的东西,几乎堆到了墙顶。苏菲关上了那扇门,她实在搞不懂这些东西怎么会出现在城堡里。砖墙以上就看不到城堡了,墙外就是天空。苏菲只得猜测这扇门的后面就是她昨晚被隐形墙所挡住的转角。

她打开第四扇门,发现那不过是一个扫帚柜,扫帚上挂着两件精致但布满灰尘的天鹅绒斗篷。苏菲慢慢地把它关上了。只剩下有窗户的墙上的那扇门没有查看过了——这正是她昨晚进来的那扇门。她蹒跚着走过去,小心翼翼地打开了它。

她站在那儿,朝外望着缓缓移动的山景,看着帚石楠从门下扫过,感受着风吹起她稀疏的发丝,听着城堡里的大黑石块随着城堡的移动发出的隆隆声和嚓嚓声。然后,她关上门,走到窗前。港口小镇的景象再次映入眼帘。那景象是真真切切的!一个女人在对街打开了房门,朝街上清扫尘土;在她的屋子后面,一面灰扑扑的船帆正轻快地升上桅杆,惊起了一群海鸥。它们在波光粼粼的大海上盘旋飞舞着。

"我有点儿糊涂了。"苏菲对骷髅头说。随后,她往炉膛里添了几根柴火——因为火看起来快要熄灭了,接着又耙去了一些炉灰。

绿色的火苗从柴火间燃了起来,小小的、卷曲的,接着从那火苗上蹿出一张拉长了的蓝色脸庞,头发是熊熊燃烧的绿色火焰。"早上好哇。"火魔说,"别忘了我们还有个交易。"

所以,这一切都不是梦。苏菲不是个脆弱的人,不过她还是瘫坐在椅子上,盯着眼前影影绰绰的火魔看了好一会儿,连迈克尔起床的声音都没有留意到。迈克尔来到她身后站定,一脸尴尬又有些许懊恼的样子。

"你还在这儿。"他说,"怎么回事?"

苏菲吸了吸鼻子。"我老了。"她说。

不过这并不新鲜,荒野女巫早就这么说过了,火魔也猜到了。迈克尔打趣道:"行啦,谁还不会老呢?你想吃早餐吗?"

苏菲发现自己的确是个健硕的老太太。昨天她只啃了点面包和奶酪当午餐,此刻顿觉饥肠辘辘。"好啊!"她答道。当迈克尔走到墙边的橱柜前,她猛然起身,从他的肩膀上探出头来,想看看有什么吃的。

"恐怕只有面包和奶酪了。"迈克尔没好气地说。

"可那里头不是有一筐鸡蛋吗?"苏菲说,"还有,那不是熏肉吗?煮点热乎的东西喝怎么样?水壶在哪儿?"

"想都别想。"迈克尔说,"只有哈尔才能煮。"

"我能煮。"苏菲说,"把那只平底锅取下来,我来给你露一手。"

她不顾迈克尔的阻拦,伸手去拿挂在橱柜里头的大黑锅。"你不明白,"迈克尔说,"那是卡西法,是火魔。他才不会向煮饭之人低头呢,除非是哈尔。"

苏菲转过身来,看着火魔。他狡黠地回望着她,噼啪闪烁着。"我才不要被人剥削。"他说。

"你是说,"苏菲问迈克尔,"要是哈尔不在家,你连口热乎的都喝不上?"迈克尔难为情地点了点头。"那你才是被剥削的那个啊!"苏菲说,"把锅子放这儿来。"她不由分说地从迈克尔手里抢过平底锅,放进去几片熏肉,又把长柄木勺插进鸡蛋篮子里,然后抱着这堆东西走到炉膛边。"好了,卡西法,"她说,"咱们就别再闹啦,低下头来吧。"

"你不能强迫我!"火魔噼里啪啦地说道。

"哈,谁说的!"苏菲吼了回去,那股子狠劲过去常常用来阻止打闹的两个妹妹,"如果你不听话,我就把水泼在你身上。或者,我就拿起钳子把你的两根木头都夹走。"她颤颤巍巍地蹲在壁炉边上,低声道,"要不,我可以反悔我们的交易,或者告诉哈尔,要不要试试?"

"啊!真是个祸害!"卡西法唾骂道,"迈克尔,你为什么放她进来?"他不情不愿地朝前低下了头,蓝色的脸蛋变成了一圈绿色的卷曲的火焰,在原木上摇曳着。

"多谢啦。"苏菲说着,把重重的平底锅架在了绿色的火焰圈上,让卡西法没法反抗。

"真希望你的熏肉都烤煳。"卡西法在锅子底下闷声闷气地说。

苏菲将几片熏肉扔进锅子。锅子已经烫了,熏肉哗哗地响着。她不得不用裙子把手裹住才能握住锅把。门开了,但她的注意力都在锅子上。"别犯傻啦。"她对卡西法说,"还有,别乱动,我要把鸡蛋打进去啦。"

"嗨,你好,哈尔。"迈克尔无助地说道。

苏菲听了这话,赶紧转过身来。她瞪大了眼睛。刚刚进来的那个身穿华丽的银蓝色服装、身材高挑的年轻人正倚在角落里的一把吉他上,拨开挡在晶莹剔透的绿眼睛前的一缕漂亮的金发,定定地打量着她,脸上写满了好奇和困惑。

"你是哪位?"哈尔开口道,"我是不是在哪儿见过你?"

"我只是一个陌生人。"苏菲面不改色地撒了个谎。毕竟,哈尔上次见面时叫她"小老鼠",那时她还没有变老——所以严格来说这也算不上撒谎。苏菲原本应该感谢她的守护星,让她幸运地逃过了一劫,可她脑子里却想的是:天啊!巫师哈尔只不过是个二十岁出头的毛头小子,怎么会有这么多的恶行!她一边翻着锅里的熏肉,一边想人老了真是大不一样啊。而她

哈尔的移动城堡

宁愿死也不愿意让这个衣冠楚楚的少年知道——她就是他在五朔节上遇到的那个可怜的"小灰老鼠"。这跟心灵啊灵魂啊什么的无关,反正不能让哈尔知道。

"她说她叫苏菲,"迈克尔说,"她昨天晚上就进来了。"

"她是怎么让卡西法听话的?"哈尔问。

"她欺负我!"卡西法在嗞嗞作响的锅底发出了哀怨的嘟囔声。

"没几个人能做到这一点。"哈尔若有所思地说。他把吉他放在墙角,走到壁炉旁,利落地把苏菲推到一边,风信子的味道混合着熏肉的味道散发开来。"卡西法不喜欢除了我以外的人在他身上做饭,"他说着,跪下来,用一只垂袖包住手,握住平底锅,"请再递给我两片熏肉和六个鸡蛋。对了,你为什么会在这儿?"

苏菲盯着哈尔耳朵上挂着的蓝宝石耳坠,把一个又一个鸡蛋递给他。"我为什么在这儿,年轻人?"她说,刚才在城堡里转悠了一圈之后她就心里有数了,"当然是因为我是你新来的清洁女工。"

"真的吗?"哈尔问,一边使手把蛋捏碎,将蛋壳扔进柴火堆里,卡西法立刻狼吞虎咽地嚼了起来,"谁说你是的?"

"我说的啊。"苏菲说,接着她又表忠心道,"即使我不能把你从你的恶行中涤荡干净,年轻人,我也能把这里的污垢清洁干净。"

"哈尔心眼儿不坏。"迈克尔说。

"不,我坏得很。"哈尔反驳道,"你忘了我此时此刻有多

045

邪恶了，迈克尔。"他朝着苏菲扬起下巴，"既然你这么想派上用场，我的好清洁妇，那就去找些刀叉来，再把工作台擦一擦。"

工作台下面放着高高的凳子。迈克尔把它们拉了出来，又把工作台上堆放的东西统统都扫到一边，为他从抽屉里拿出的刀叉腾出位置。苏菲走过去给他搭把手。她当然没有指望过哈尔会欢迎她，但他直到现在为止还没有明确同意让她在吃完早饭后留下来。迈克尔看样子不需要帮忙，苏菲便故意拖着步子，把她的拐杖慢条斯理地放进扫帚柜。发现这个举动没有引起哈尔的注意，她说："如果你愿意的话，可以试用我一个月。"

巫师哈尔没有接她的话茬，只说了一句："请给我盘子，迈克尔。"然后掇着咝咝冒烟的锅子站了起来。卡西法嘘地吐出了一口气，发出一声怒吼，烈焰都蹿到了烟囱里。

苏菲又试探了一番，想让哈尔就范。"如果接下来的一个月我都要在这里打扫的话，"她说，"我想知道城堡的其他地方在哪里。我只瞧见了这个房间和一个浴室。"

出乎她的意料，迈克尔和巫师哈尔异口同声地哈哈大笑了起来。

哈尔不仅难以捉摸，还似乎不喜欢回答任何问题。苏菲放弃了问他，转而问迈克尔。于是直到他们快吃完早餐时，苏菲才搞明白他们为什么发笑。

"告诉她吧，"哈尔说，"免得她问得没完没了。"

"城堡里没有'其他地方'了，"迈克尔说，"除了你看到过的那些和楼上的两间卧室。"

"什么？"苏菲惊呼道。

哈尔和迈克尔又笑了起来。"哈尔和卡西法建造了这座城堡，"迈克尔解释道，"卡西法维持着它的移动。城堡内部其实只是哈尔在泊特港的老房子，这是唯一真实的部分。"

"可泊特港不是在海边吗？"苏菲说，"这可真是坏透了！你说，这座又大又丑的城堡在山顶上横冲直撞，把齐坪镇的人都吓得半死，到底图什么？"

哈尔耸了耸肩："你真是个心直口快的老太婆啊！我的魔法生涯已经到了需要让人们见识见识我有多厉害、有多邪恶的阶段了。可我不想引起国王的注意。再说，去年我得罪了一个了不得的人，我得避开他们的视线。"

这可真是一种有意思的避开某人的方式，苏菲觉得大约巫师和普通人的想法不同吧。而且她很快就发现，这个城堡还有其他的奇特之处。他们吃完了早餐，迈克尔正把盘子堆在工作台旁黏糊糊的水槽里，这时，传来了一阵砰砰砰的敲门声。

卡西法猛地一愣："金斯伯里的门！"

哈尔正准备去浴室，他只好折返回门边。门的顶上有一个方形的木质把手，镶嵌在门楣上，四面各涂了一层油漆。这时朝下的一面是绿色的，不过哈尔把门把手转了一圈，等到红色的一面朝下后，他才把门打开。

门外站着一个人，戴着一顶笔挺的白色假发，假发上面还扣着一顶宽大的帽子。他身穿猩红和紫金色的衣服，举着一根装饰着丝带的小权杖——就像缩小版的五朔节花柱一样。他鞠了一躬。丁香和橙花的香味飘进了房间。

"国王陛下向您致意,并送来两千双千里飞靴的货款。"他说道。

在他的身后,苏菲瞥见一辆马车正候在一条街道上,街道两旁尽是些华丽的房屋,屋子上装饰着彩绘的雕花。不止这些,她还看见了塔楼、尖顶和圆顶……这些都是她以前几乎无法想象的壮观景象。门口那人很快呈上了一个长长的、丝质的、沉甸甸的钱袋子,快得她都还没看够外头的景象。哈尔接过钱袋子,鞠躬回礼,关上了门。他把方形的门把手转了回来,让绿色的一面再次向下,把长长的钱袋子塞进了自己的口袋里。苏菲看到迈克尔的目光紧紧地追着钱袋子,眼神中带着急切和担忧。

然后哈尔直奔浴室,喊了一声:"我这里需要热水,卡西法!"然后便消失了很长一段时间。

苏菲无法抑制住内心的好奇。"刚才那位是谁呀?"她问迈克尔,"我是说,刚才那是哪儿?"

"那是金斯伯里,"迈克尔说,"是国王住的地方。我猜那个人是替首相跑腿的。不过……"他担心地对卡西法说,"我真希望他没有给哈尔那么多钱。"

"哈尔会让我留下吗?"苏菲问道。

"就算他会,你也永远别想从他嘴里听到一句准话。"迈克尔回答说,"他讨厌被逼着表态。"

第五章

噼里啪啦嘭清洁大作战

苏菲下定决心,眼下唯一要做的,就是向哈尔证明自己是一名出色的清洁女工,一个真正出得上力的人。她把一个旧布条绑在自己稀疏的白头发上,卷起袖子露出皮包骨头的苍老手臂,然后从扫帚柜里找出一张旧桌布裹在身上当围裙。想到只有四个房间要打扫,而不是整座城堡,她不由得松了口气。她抓起一个水桶和一把扫帚,准备干活儿。

"你要干什么?"迈克尔和卡西法吓坏了,同时大叫起来。

"打扫卫生。"苏菲坚定地回答,"这个地方脏透了。"

卡西法说:"不需要。"迈克尔咕哝着:"哈尔会把你赶出去!"可是苏菲谁都不理,灰尘飞得老高。

正在打扫的时候,传来一阵砰砰砰的敲门声。卡西法高高地燃烧起来喊道:"泊特港的门!"他啦啦地打了个巨大的喷嚏,紫色的火星飞溅进一团灰尘里。

迈克尔离开工作台往门口走去。苏菲从扬起的灰尘里瞥了一眼,这一次迈克尔转动方形把手,让蓝色的一面朝下。他打开门,门外是从窗户看出去的那条街。

一个小女孩站在外面。"劳驾,费雪先生,"她说,"我是来帮母亲拿咒语的。"

"为你父亲的船求的安全咒,对吗?"迈克尔说,"稍等。"他回到工作台,从架子上的一个罐子里称了一些粉末,放在一张方形的纸片上。他正忙着的时候,小女孩和苏菲好奇地互相打量对方。迈克尔把纸片里的粉末包起来,回到门口说:"告诉妈妈把这个撒在船上。从出海到回程都会受到保护,哪怕遇上暴风雨。"

女孩接过纸包,然后递上一枚硬币。"还有一名女巫在为巫师工作吗?"她问。

"没有。"迈克尔说。

"是说我吗?"苏菲大喊,"哦,是的,我的孩子。我是全英格里王国最棒、最干净的女巫。"

迈克尔气坏了,他关上门。"这下整个泊特港都要传遍了。哈尔不喜欢这样。"他转动门把手,再次让绿色的一面朝下。

苏菲嘎嘎地笑了几声,毫无悔意。也许是手里的扫帚让她产生了这个念头。如果每个人都以为她在为哈尔工作,说不定能说服哈尔让她留下来。奇怪的是,作为一个女孩子,苏菲早就该为自己的行为感到难为情了,但作为一个老太婆,她对自己的言谈举止毫不在意。她觉得这样轻松多了。

迈克尔翻开炉膛里的一块石头,把小女孩的硬币藏在下面。苏菲好管闲事地凑过去:"你在干吗?"

"卡西法和我想存点钱。"迈克尔有些心虚地说,"如果我们不这么做,哈尔会把每一分钱都花光的。"

"不负责任的败家子!"卡西法噼里啪啦地说,"他花完国王那么多钱比我烧完一根木柴还快。真没道理。"

苏菲从水槽里洒水降尘,于是卡西法退缩到烟囱下面。她又把地重新扫了一遍。她一直扫到门口,想看看上面的方形把手。她从没看到有人用过第四种颜色,不知道黑色会通往哪里。苏菲轻快地扫着横梁上的蜘蛛网。迈克尔微微咳嗽了几声,卡西法又开始打起了喷嚏。

这时,哈尔从浴室里出来,蒙蒙水汽里散发出香水味。他看起来焕然一新,就连衣服上的银衩口和刺绣都似乎更耀眼了。他看了看,然后用银蓝色的袖子护住头,重新回到浴室。"住手,女人!"他说,"放过那些可怜的蜘蛛!"

"这些蜘蛛网太邋遢了!"苏菲一边说,一边把一张张网扫下来。

"那么把它扫下来就是了,别动蜘蛛。"哈尔说。

也许他和那些蜘蛛有某种邪恶的联系,苏菲想。"它们只会织更多的网。"她说。

"它们捕食苍蝇,非常有用。"哈尔说,"在我进来的时候,请别挥扫帚。"

苏菲靠在扫帚上,看着哈尔进入房间,拿起他的吉他。当他把手放在门闩上时,她问:"如果红色通往金斯伯里,蓝色通往泊特港,黑色会带你去哪儿呢?"

"真是个多管闲事的老太婆!"哈尔说,"那里通往我的秘密藏身之处,我不会告诉你它在哪儿的。"他打开门,进入移动城堡之外广袤的荒野和山坡。

"你什么时候回来,哈尔?"迈克尔有些绝望地问。

哈尔假装没听见。他对苏菲说:"我不在的时候,你一只蜘蛛都不能弄死。"门在他身后重重地关上了。迈克尔意味深长地看了卡西法一眼,然后叹了口气。卡西法不怀好意地发出一阵噼里啪啦的笑声。

没人解释哈尔去哪儿,苏菲只好认为他又去捕猎年轻女孩了。她带着满腔义愤继续干活儿。无论哈尔怎么说,她才不管会不会伤到蜘蛛。她用扫帚狠狠地敲着横梁,尖叫着:"出来,蜘蛛!别挡道!"蜘蛛们纷纷逃生。一张张蜘蛛网掉落下来,她只好把地重新扫一遍,然后跪下来擦洗地板。

"我真希望你停下来!"迈克尔说。他坐在台阶上,免得碍了她的事。

卡西法缩在炉膛里喃喃自语:"我真希望自己没和你做那个交易!"

苏菲正刷得起劲。"这里变得干净整洁的时候,你的心情会好很多。"她说。

"可现在我感觉糟透了!"迈克尔抗议。

那天哈尔直到深夜才回来。苏菲已经被扫地和擦洗累得动弹不得,她佝偻着坐在椅子上,全身酸痛。迈克尔扯着哈尔长长的衣袖,把他拉到浴室里。苏菲听见他情绪激动地低声说了一大堆抱怨的话,什么"可怕的老太婆!""一句话都听不进去!"之类,在卡西法的咆哮声中都听得一清二楚。"哈尔,管管她吧！她快把我们俩折磨死了！"

可当迈克尔松开手，哈尔只是问了句："你弄死蜘蛛了吗？"

"当然没有！"苏菲发火了，身体的疼痛让她脾气暴躁，"它们一见到我就四散而逃。它们是什么？你吃的那些女孩的心脏吗？"

哈尔大笑："不，只是普通的蜘蛛。"他说完恍恍惚惚地上楼去了。

迈克尔叹了口气。他走到扫帚柜，找了半天，翻出一个旧折叠床、一张稻草床垫和几条毯子。他把东西放到楼梯下面的拱形空间里。"你今晚就睡在这儿吧。"他告诉苏菲。

"这说明哈尔同意让我留下来了吗？"苏菲问。

"我不知道！"迈克尔不耐烦地说，"哈尔从不承诺任何事。之前我来了六个月他都没有注意到我的存在，后来才收我当了学徒。我只是觉得睡床总比睡椅子强。"

"那真是太谢谢你了。"苏菲感激地说。床当然比椅子舒服多了。而且，卡西法半夜抱怨肚子饿的时候，苏菲出去给他添柴火也方便多了。

接下来的几天，苏菲把城堡彻底打扫了一遍。她乐在其中，告诉自己是在寻找线索。她擦窗户，清洁渗漏的水槽，还让迈克尔把工作台和架子上所有的东西都清理出来，好让她擦洗。她把橱柜里和横梁下所有的东西通通拿出来清洗。那个骷髅头被频繁地搬来搬去，她猜他大概和迈克尔一样受了不少罪。然后她把一张旧床单钉在离壁炉最近的横梁上，强迫卡西法低下头,以便她清扫烟囱。卡西法讨厌这样。当苏菲发现煤灰弄得满屋都是,不得不重新打扫时,他幸灾乐祸地咯咯大笑起来。这就是苏菲的问题,她不屈不挠,却缺乏方法。不过在这件事上认死理也是一种办法:她盘算着,迟早会在大扫除的时候发现哈尔藏起来的女孩灵魂,或者嚼过的心脏——也可能是别的什么能破解卡西法的契约的东西。在卡西法的守护下,高高的烟囱倒是个不错的藏匿点,可除了一堆煤灰,她什么也没找到。苏菲把煤灰装进口袋放到后院,她认为后院也极有可能是一个藏匿之处。

每当哈尔一进门,迈克尔和卡西法就大声抱怨起苏菲来。可是哈尔似乎并不在意。他好像没有注意到房间变干净了,也没有发现食品柜里的蛋糕和果酱摆放得井井有条,偶尔还有时令蔬菜。

就和迈克尔预想的那样,消息在泊特港传开了。人人都想来瞧瞧苏菲。在泊特港,他们称她为女巫太太;在金斯伯里,则称她为巫师夫人。虽然在金斯伯里那扇门前出现的人比泊特港的人穿得更体面,但无论是谁,去拜访有能耐的人总要找个理由。苏菲的工作总是被打断,她会点头微笑着收下礼物,或者让迈克尔为某人快速地制作一个咒语。有些礼物可真是好东西——图画、穿起的贝壳和实用的围裙。苏菲每天都系着围裙,她把图画和贝壳挂在自己楼梯间的小窝里,那里很快就有了家的感觉。

苏菲清楚,哈尔把她撵走的话,她会想念这里的。她越来越害怕他会这么做。她知道他不会一直对她睁一只眼闭一只眼的。

　　接下来她要打扫浴室。这花了她好几天时间,因为哈尔每天出门前都要在里面待很久。他一出来,苏菲就赶紧进去,里面蒸汽弥漫,散发着一种特殊的香气。"现在让我们来瞧瞧那个契约!"她在浴室里嘀咕着。她的主要目标是架子上那些盒子、罐子和管子。她打着清洗搁板的幌子把上面的东西一个一个地拿下来,又花了大半天时间挨个仔细检查,看写着"皮肤""眼睛"和"头发"的东西是不是女孩身体上的零部件。可目前看来,都无外乎是面霜和胭脂水粉之类。要真是用女孩子做的,那么苏菲只能想象哈尔是用试剂把她们"腐蚀"之后倒在洗脸盆里冲走了。她希望它们只是罐装的化妆品而已。

　　她把东西放回架子擦洗干净。当天晚上,她浑身酸痛地坐在椅子上时,卡西法抱怨自己已经为她排干了一座温泉。

　　"哪儿有温泉?"苏菲问。这些日子她对什么事都感兴趣。

　　"大部分都在泊特港的沼泽地里。"卡西法说,"可要是你继续这么下去,我就不得不去荒野里打水了。你什么时候才能停止打扫,想办法破解我的契约?"

　　"得找个好时机,"苏菲说,"哈尔一直不在家,我怎么找到那些条款?他老是这样往外跑吗?"

　　"只有在追求女孩子的时候。"卡西法说。

　　浴室变得干净发亮。苏菲又开始刷洗楼梯和楼上的平台。她正在接近迈克尔的小房间。迈克尔似乎已经无可奈何地接受了苏菲,把她当成一个祸害。他突然大叫一声,冲上楼去拯救自己私藏的宝贝。东西都在他被虫蛀的床底下的一个旧盒子里。他匆匆地护着盒子离开,苏菲瞥见里面装着蓝色丝带和糖霜玫瑰,上面似乎还有一些信。

"迈克尔居然有一个心上人!"她一边自言自语,一边推开正对着泊特港街道的窗户,把床单晾在外面的窗台上。苏菲最近变得特别八卦,她很意外自己没去向迈克尔打听那是谁家姑娘,他又是怎么瞒过哈尔的。

她从迈克尔的房间里清扫出大量的灰尘和垃圾,她让卡西法全部烧掉,卡西法几乎被埋没了。

"你快把我弄熄灭了!你和哈尔一样铁石心肠!"卡西法呛到了,只有他的绿头发和长长的蓝色额头露了出来。

迈克尔把他的宝贝盒子放进工作台的抽屉里锁了起来。"但愿哈尔能听得进去我们的话!"他说,"这个女孩怎么耽误了他这么久?"

第二天,苏菲打算整理后院。不巧的是泊特港下雨了,雨打在窗户上,飘进烟囱里,卡西法发出烦躁的咝咝声。后院也是泊特港房子的一部分,苏菲打开门,大雨倾盆。她用围裙包住头四下寻找,在被淋透之前找出一桶白漆和一把大刷子。她把东西带回屋子里,然后开始粉刷墙壁。她在扫帚柜里找到了一个旧梯子,把横梁之间的天花板刷上白漆。泊特港连着下了两天的雨。在绿色标识朝下的时候,哈尔打开门踏上山坡,那里天气晴朗,一片片帚石楠上有云影在飞快地游走,比城堡移动得还快。苏菲粉刷了自己的小窝、楼梯、平台和迈克尔的房间。

"这里发生了什么?"第三天,哈尔回来的时候问,"好像亮堂多了。"

"苏菲干的。"迈克尔有气无力地说。

"我早该猜到的。"哈尔说着,又消失在浴室里了。

"他注意到了!"迈克尔对卡西法耳语,"那女孩最后投降了!"

第二天,泊特港还在下着淅淅沥沥的小雨。苏菲绑好头巾,挽起袖子,裹上围裙。她准备好扫帚、水桶和肥皂,哈尔前脚一走,她就像一个年迈的复仇天使一样准备打扫哈尔的卧室。

她之所以最后打扫那个房间是因为害怕在里面找到什么东西。她甚至连看都不敢往里看一眼。这可真傻。她一边想,一边吃力地爬楼梯。现在她已经摸透了这里的情况,卡西法负责城堡里所有最强大的魔法,迈克尔负责日常琐事,而哈尔只顾着游荡,追求女孩子,他剥削那两个可怜虫,就像芬妮对待自己那样。苏菲从来不觉得哈尔是个多么可怕的人,现在她对他只剩下鄙夷了。

她爬上平台,发现哈尔正站在卧室门口。他懒洋洋地支着一只手,完全挡住了她的去路。

"别进来,"他用一种愉快的语气说,"我就想它脏脏的,谢谢你。"

苏菲惊讶地张大了嘴:"你从哪儿冒出来的?我明明看到你出门了。"

"我故意的。"哈尔说,"你让卡西法和可怜的迈克尔受不了了。今天终于轮到我了。无论卡西法和你说了什么,要知道，我是个巫师。难道你认为我不会魔法吗？"

苏菲的算盘全都落空了，可她死都不愿意承认。"每个人都知道你是个巫师，年轻人。"她严肃地说，"可这也改变不了事实，你的城堡是我待过的最脏的地方。"她从哈尔耀眼的银蓝色衣袖后面看过去，地毯乱得像个鸟窝。她接着扫了一眼，墙面斑驳脱落，架子上堆满样子奇特的书籍。那里没有被啃过的心脏，但说不定那些东西就藏在大大的柱子床的背后或者床底下。床上灰白色的帷幔落了厚厚一层灰，挡住了苏菲的视线，使她看不见窗外的景象。

哈尔用袖子在她面前晃了晃："喂喂，别多管闲事。"

"我没有多管闲事！"苏菲抗议，"这个房间——"

"是的，你就是多管闲事。"哈尔说，"你是个无可救药的爱管闲事、指手画脚、有洁癖的老太婆。管好你自己吧，你把大家都害惨了。"

"可这就是个猪圈，"苏菲说，"我实在是看不下去了。"

"你可以的，"哈尔说，"我就喜欢我房间本来的样子。你必须承认，如果愿意，我有权住在一个猪圈里。现在下楼找点别的事做吧。拜托，我讨厌和人吵架。"

苏菲无计可施，只好提起哐啷作响的水桶蹒跚着走开。她有些发抖，但也很意外哈尔没有当场把她从城堡里赶出去。既然如此，她立刻开始着手下一件事。她打开楼梯旁边的门，雨差不多停了。她走进后院，充满干劲儿地整理一堆堆还滴着水的垃圾。

金属的撞击声！哈尔又出现了，他在苏菲准备移走的一大张生锈铁片中间站立不稳。

"这儿也不行,"他说,"你是来捣乱的,对不对?别动这个后院。我很清楚每样东西放在哪里,如果你收拾干净了,我制作移动咒语的时候就找不着需要的东西了。"

看样子这里真有可能藏着一堆灵魂或者一盒子嚼过的心脏,苏菲想。她感到气馁。"我来这里就是收拾打扫的!"她对哈尔大喊。

"那么你必须给自己的人生找到一个新的意义。"哈尔说。有一瞬间,他似乎要发火了。他用奇异的浅色眼睛盯着苏菲。不过他克制住了自己,然后说:"现在进屋吧,你这个闲不住的老太婆,在惹我生气之前去做点别的事。我讨厌发脾气。"

苏菲叉起皮包骨头的手臂,她不喜欢被玻璃般的眼睛凝视着。"你当然不喜欢发脾气!"她顶了回去,"任何让你不舒服的事你都不喜欢,对吗?你就是爱逃避。你就是这种人!不愿意面对任何你不喜欢的事!"

哈尔勉强挤出一丝微笑。"好了,"他说,"现在我们都知道对方的缺点了。回到屋里去吧,走吧,回去吧。"他催着苏菲,挥手让她往大门走。挥动手臂的时候,他的袖子挂到生锈的金属上撕破了。"该死!"哈尔举起垂下来的银蓝色衣袖说,"看看你干的好事!"

"我可以缝补好。"苏菲说。

哈尔用晶莹剔透的眼睛看着她。"你又来了。"他说,"你到底有多喜欢干活儿!"

他用右手手指轻轻地夹起撕破的袖子,在上面一抚。手指

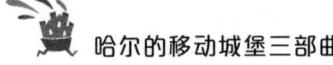

移开,银蓝色的布料完好如初。"行了,"他说,"明白了吗?"

苏菲感到懊恼,缓慢地走到屋里。巫师们当然不需要用常人的方法,哈尔刚刚向她证明了自己是一个真正的巫师。"为什么他不把我撵走?"她说,这话是在问自己,也是在问迈克尔。

"这可难倒我了。"迈克尔说,"不过我觉得他是看在卡西法的面子上。大部分来这里的人要么没注意到卡西法,要么被他吓得半死。"

第六章

哈尔借着绿色黏液发泄

哈尔当天没有出门,接下来的几天也都待在家里。苏菲安静地坐在壁炉边的椅子上,一边躲着他一边陷入沉思。她意识到,就算哈尔是自作自受,但自己把对荒野女巫的气都撒到城堡里了。她有些沮丧,觉得到这里来是个错误。哈尔可能以为卡西法喜欢她,但苏菲很清楚,卡西法只不过是抓住机会和她做了笔交易。苏菲觉得自己也让卡西法失望了。

苏菲并没有一直情绪低落。她发现迈克尔有一大堆衣服需要缝补,便从针线包里翻出顶针、剪刀和线,开始干活儿。到了傍晚,她心情好多了,还和卡西法一起唱起了一首傻乎乎的平底锅小曲。

"干活儿很开心吗?"哈尔挖苦地说。

"我需要更多活儿。"苏菲说。

"要是你实在闲不住,就去缝补我的旧外套吧。"哈尔说。

看样子哈尔的气消了。苏菲松了口气,早上她可吓坏了。

显然,哈尔还没把那个女孩追到手。苏菲听到迈克尔旁敲侧击地询问关于她的事,哈尔却闭口不谈,蒙混过去。"他是逃避大王。"苏菲对着迈克尔的一双袜子喃喃地说,"无法面对自己的邪恶。"她看到哈尔故意忙个不停,隐藏自己的不满。苏菲完全理解这种感受。

哈尔在工作台上干得比迈克尔还起劲,动作也更快。他娴熟而草率地把咒语放在一起。从迈克尔的表情看来,那些咒语都非同凡响,而且很难制作。哈尔却总是在中途把咒语丢到一边,冲到楼上去查看他藏起来的东西怎么样了——肯定是什么邪恶的东西,然后又跑到后院,在那里捣鼓一个大咒语。苏菲把门打开一条缝,惊讶地发现优雅的巫师哈尔跪在泥巴里,他把长长的袖子系在脖子后面以免碍事,小心地把满是油污的金属拉成一种特殊的框架。

那个咒语是为国王制作的。一名穿着盛装、喷着香水的信使带着信前来拜访,发表了一大段无比冗长的演讲。他说哈尔无疑有要事在身,但能否劳烦哈尔在百忙中抽出空来,借用他强大而聪明的头脑帮国王陛下解决一个小问题——军队沉重的马车如何穿越沼泽和崎岖不平的山路。哈尔彬彬有礼,同样长篇大论地回答一番,然后拒绝了。信使又滔滔不绝地游说了半个钟头,最后和哈尔互相鞠躬。哈尔答应了制作咒语的请求。

"这真是不妙。"信使离开之后,哈尔对迈克尔说,"苏里曼为什么凭空在荒野里消失了?国王似乎想让我取代他。"

"大家都说他不如你聪明。"迈克尔说。

"我脾气太好,太客气了。"哈尔闷闷不乐地说,"我应该好好敲一笔竹杠。"

  哈尔对泊特港的顾客一视同仁，耐心而礼貌，可是就像操心的迈克尔指出的那样，他根本就没收多少钱。他会花上一个钟头听渔夫的妻子解释她为什么一分钱都付不起，还向一名船长保证，会帮他制作风之咒语，几乎分文不取。为了避免和迈克尔理论，哈尔给他上了一堂魔法课。

  苏菲一边在迈克尔的衬衣上缝纽扣，一边听哈尔教迈克尔咒语。"我知道自己做事草率。"他说，"你可别学我，每次都要好好念，刚开始要细心。你从形状上就能看出来，它是否会自我实现或者自我发现，是简单地念念咒语，还是加上手势和演说。一旦你想好了，就再过一遍，弄清哪个地方是字面上的意思，哪个地方藏着谜语。你现在学的是更强大的咒语。你会发现，为了保险，每种咒语都至少会故意留下一个错误或者一个谜语，你必须找出来。就拿这个咒语来说吧……"

  听着迈克尔吞吞吐吐地回答哈尔的问题，看着哈尔用一支奇怪的、永不褪色的鹅毛笔在纸上潦草地写下注释，苏菲意识到自己也能学会不少东西。如果玛莎都能在费尔法克斯太太那里学到和莱蒂交换身份的咒语，那么她在这里应该也能行。运气好的话，她就不需要依靠卡西法了。

  哈尔很高兴迈克尔把向泊特港的人收钱的事忘在脑后了。哈尔把他带到后院，协助自己制作国王的咒语。苏菲吃力地站起来，蹒跚着走到工作台。咒语倒是一清二楚，但哈尔潦草的字迹让她头疼。"我从没见过这种字！"她对骷髅头嘀咕道，"他用的是笔还是烧火棍？"她急切地翻看工作台上的每一张纸,检查每个扭曲罐子里的粉末或者液体。"是的,我得承认。"她对骷髅头说,"我偷看了,还有不少收获。我会处理家禽身上的寄生虫,治疗百日咳,吹一阵风为脸部脱毛。如果玛莎学到的是这些玩意儿,她现在还在费尔法克斯那里呢。"

在苏菲眼里,哈尔一从后院回来,就检查她动过的每样东西。但这只是因为他焦躁不安,不知道接下来该干什么。夜里,苏菲听见他来回走动。第二天早上,他只在浴缸里待了一个小时。看样子他等不及了。迈克尔穿上了他最好的深红色天鹅绒套装,准备出发去金斯伯里的皇宫。他们俩用金箔纸把巨大的咒语包起来。照这个尺寸看来,它一定轻得不可思议。迈克尔用两只手环抱着,一个人就能轻而易举地拿起来。哈尔帮他把门把手转到红色朝下,送他步入矗立着彩色房子的街道。

"他们都盼着呢。"哈尔说,"你最多会等大半个上午。给他们演示一下,告诉他们连小孩都会用。你回来之后,我会让你开始制作力量之咒。再见。"

他关上门,在屋子里漫无目的地打转。"我的脚痒了,"他突然说,"我要去山上散个步。告诉迈克尔,我对他承诺的咒语放在工作台上了。至于这个嘛,是让你忙活的。"

一件灰红色的外套不知从哪儿冒出来,落在苏菲的腿上,和那件银蓝色的一样华丽。哈尔拿起放在角落的吉他,把门把手转到绿色朝下,在疾驰中一脚踏入齐坪镇上方的帚石楠地里。

"他的脚痒了!"卡西法嘀咕着,泊特港开始起雾了,卡西法在柴火下面低低地燃烧,艰难地移动着,躲避烟囱里落下的水滴,"他考虑过我的感受吗?困在这种潮湿的炉膛里?"

"那你至少得给我一点儿提示,怎么破除你的契约。"苏菲一边说,一边抖开那件灰红色的外套,"我的老天,可真是件好衣服,哪怕你有点儿被虫蛀了!你是用来吸引女孩子的,对吗?"

"我暗示过你了!"卡西法呲呲地说。

"那你只有再来一次,我没接收到。"苏菲说着放下衣服,蹒跚着向门口走去。

"如果我给了你暗示,还告诉你这是个暗示,那就成明示了。我不能那样做。"卡西法说,"你去哪儿?"

"去做他们都不在时,我才敢做的事。"苏菲回答。她转动门上的方形把手,直到黑色朝下,然后打开门。

门外空无一物。既不是黑色的,也不是灰色或者白色的,既不浑浊,也不透明。它没有移动,没有气味,没有触感。苏菲小心地向外面伸出一根手指,那里既不冷,也不热,什么感觉都没有,完全就是虚空。

"这是什么?"她问卡西法。

卡西法也和苏菲一样感兴趣。他把蓝脸从炉膛里探出来,往门外瞧。他忘了有雾。"我不知道。"他轻声说,"我只负责维护。我只知道这是在城堡没人能通过的那一侧,感觉很遥远。"

"比月亮还远!"苏菲说。她关上门,把门转动到绿色朝下。她迟疑了一分钟,然后蹒跚着往楼梯走去。

"他锁了门。"卡西法说,"他让我转告你,如果你又想偷看。"

"哦,"苏菲说,"他在上面藏了什么?"

"我不清楚,"卡西法说,"我对楼上一无所知。你知道这有多么令人沮丧吗?我连城堡外面也看不见,只能看见前进的方向。"

苏菲同样感到沮丧。她坐下来,开始缝补灰红色的外套。不一会儿,迈克尔回来了。

"国王立刻就接见我了。"他说,"他——"他在屋子里环视一周,看到平时放吉他的角落空荡荡的。"哦,不!"他说,"不会又是那个女孩吧!我还以为她已经爱上他了,这事前几天就该翻篇了。是什么让她没完没了的……"

卡西法发出不怀好意的噼啪声:"你弄错了。无情的哈尔发现这个女孩没那么容易得手,打算冷落她几天,看看会不会有什么转机,仅此而已。"

"真讨厌!"迈克尔说,"这下可麻烦了。我还盼着哈尔恢复理智呢!"

苏菲把外套扔在膝盖上。"真是的!"她说,"你们俩怎么能讨论这种伤风败俗的事?我说不着卡西法什么,毕竟他是个邪恶的魔鬼,可是你,迈克尔——!"

"我觉得自己一点儿都不邪恶!"卡西法抗议道。

"我实在看不下去了,不管你怎么想!"迈克尔说,"哈尔总是陷入爱河,你知道他给我们惹了多少麻烦吗?我们被控告过,遇到过佩着剑的追求者、挥着擀面杖的母亲、举着棍子的父亲和叔叔,还有姨妈。姨妈们非常可怕,她们用帽子针对付你。最糟糕的是,女孩自己打听到了哈尔的住处,找上门来哭哭啼啼,寻死觅活。哈尔倒是从后门溜了,留下卡西法和我来收拾这些烂摊子。"

"我讨厌那些不开心的人,"卡西法说,"他们滴水在我身上。我宁愿他们发火。"

"你们就直说吧,"苏菲说,红色绸缎里的拳头捏得紧紧的,"哈尔是怎么对待那些女孩的?我听说他吃掉她们的心脏,吸取她们的灵魂。"

迈克尔有些不自在地大笑起来:"你一定是从齐坪镇来的。我们刚把城堡安顿下来的时候,哈尔让我去那里抹黑他。我——呃——我提到过那种事。那是姨妈们常说的,只是一种说法罢了。"

"哈尔总是喜新厌旧。"卡西法说,"他的兴趣就到女孩爱上他为止,然后就再也不会为她烦心了。"

"可是直到女孩爱上他之前,哈尔都不会罢手的。"迈克尔等不及地说,"他会变得失去理智。我总是希望女孩快点爱上他,那样就万事大吉了。"

"直到他们追踪到他之前。"卡西法说。

"他应该给他们一个假名,如果他还没丧失理智的话。"苏菲轻蔑地说。轻蔑是为了掩饰自己,不知怎的,她感到自己有点儿傻。

"哦,他一贯如此。"迈克尔说,"他喜欢用假名,喜欢乔装打扮,就算不追女孩的时候也这么干。你没发现吗?他在泊特港是魔法师杰肯,在金斯伯里是巫师彭德拉根,而在城堡里是可怕的哈尔。"

苏菲并没有发现,她觉得自己更傻了,这让她生气。"好吧,我还是觉得这很邪恶,到处游荡,让可怜的女孩心碎。"她说,"这样做既无情又无义。"

"他就是那种人。"卡西法说。

迈克尔把一张三脚凳放在炉火旁,然后坐在上面。苏菲一边缝衣服,一边听他历数哈尔的感情经历,还有之后遇到的麻烦事。苏菲对那件好外套嘀咕着,她还是觉得自己很愚蠢。"是你吃的心脏,是吗,外套?姨妈谈论侄女时干吗要说得煞有介事的?也许你把她们迷住了,我的好衣服。被愤怒的姨妈追赶是什么感觉?啊?"当迈克尔对她讲某一个姨妈的事时,苏菲反应过来,关于哈尔的流言就是这样传到齐坪镇上的。她可以想象,像莱蒂那样要强的姑娘万一迷上了哈尔,结局会多么悲惨。

当迈克尔提议吃午餐,而卡西法一如既往地在抱怨的时候,哈尔推门而入,心情前所未有地郁闷。

"吃点东西吗?"苏菲问。

"不了,"哈尔说,"浴室里放点热水,卡西法。"他闷闷不乐地在浴室门口站了一会儿,"苏菲,你是不是整理过里面放咒语的架子?"

苏菲觉得自己真是愚蠢透顶。她打死都不会承认自己把这里的瓶瓶罐罐翻了个底朝天,只是为了找女孩的残骸。"我什么都没碰过。"她一边若无其事地回答,一边去拿煎锅。

"你最好没动过。"迈克尔不安地说,浴室的门重重地关上了。

苏菲正在煎着食物,漂洗过肥皂的水从浴室里漫出来。

"他用了很多热水，"卡西法在锅底说，"我觉得他在染头发。你最好没动过头发咒语。对一个顶着泥巴色头发的普通男人来说，他可是很注重形象的。"

"哦，闭嘴！"苏菲厉声喝止道，"我把所有的东西都放回原位了！"她气急败坏地把锅里的鸡蛋和熏肉一股脑儿地倒在卡西法身上。

卡西法当然求之不得，火光闪耀起来，他大吃大嚼了一番。苏菲借着喷出的火焰又煎了一些。她和迈克尔吃过饭，开始打扫，卡西法用蓝舌头舔着紫色的嘴唇。这时，浴室的门被撞开，哈尔冲出来，绝望地哀号。

"看看这个！"他大叫，"看看这个！那个女人对咒语做了什么？"

苏菲和迈克尔转过身看着哈尔。他头发湿漉漉的，可是除此之外，谁也没看出有什么不对劲。

"如果你说的是我——"苏菲开口了。

"我说的就是你！看看！"哈尔尖叫，他一屁股坐在三脚凳上，手指戳在湿淋淋的脑袋上，"看吧，好好看看，看清楚点。我的头发完蛋了，我看上去就像一锅熏肉炒鸡蛋！"

迈克尔和苏菲紧张地弯下腰，朝哈尔的脑袋看。发根还是平常的亚麻色，唯一的区别也许是带着一丝少量的、非常轻微的红色。苏菲觉得没什么大不了的，那让她想起了自己原来的发色。

"我觉得看起来不错。"她说。

"不错！"哈尔尖叫，"你干的！你就是故意的！你要把我也弄得惨不忍睹才罢休。看这个！这是红头发！我是不是该躲起来，直到新头发长出来！"他夸张地伸展双臂，"完蛋了！"他大喊，"痛苦啊！恐怖啊！"

房间里暗下来，四个角落里涌出一团团巨大的人形阴影，呼啸着朝苏菲和迈克尔逼近。呼啸声从一开始骇人的呻吟变成绝望的嘶吼，又变成痛苦凄厉的尖叫。苏菲用手捂住耳朵，但尖叫声仍然穿透了她的手，越来越响，越来越可怕。卡西法急忙缩进炉膛里，躲在最底下的木头下面忽明忽灭地闪烁。迈克尔一把抓住苏菲的手肘，把她拖到门口。他把门把手转到蓝色朝下，一脚踢开门，两个人一起用最快的速度冲到泊特港的大街上。

在那里噪音也一样恐怖。一条街上的门都打开了，人们用手捂着耳朵，纷纷跑出来。

"我们就把他一个人丢在那里吗？"苏菲哆嗦着说。

"是的，"迈克尔说，"尤其当他认为这是你的错。"

他们匆匆穿过城镇，凄厉的尖叫声阴魂不散。一大群人跟着他们一起跑。雾散了，海边下起了小雨，每个人都往港口或沙滩奔去。在那种地方，声音似乎还能忍受，一望无际的灰色海面仿佛将一部分声音淹没了。每个人都淋得透湿，挤在一起望着雾蒙蒙的白色水平线，以及停泊的船上滴水的绳索。噪音变成巨大而心碎的啜泣声。苏菲这辈子第一次离海这么近，她很遗憾自己不能好好欣赏一番。

啜泣声逐渐消散，变成深沉而痛苦的叹息，最后安静下来。人们陆续回到城里。有人立即朝苏菲走过去。

"可怜的魔法师出什么事了吗,女巫太太?"

"今天他心情不太好。"迈克尔说,"走吧,我觉得现在我们可以冒险回去了。"

他们经过码头的时候,几个水手在船上焦虑地大喊,想知道噪音是否预示着暴风雨或厄运。

"绝对不是,"苏菲大声回答,"现在结束了。"

可是事情还没完。他们回到巫师的家,从外面看,那只是一个平平无奇、歪歪扭扭的小房子。要不是迈克尔在旁边,苏菲压根儿就认不出来。迈克尔小心翼翼地打开那扇简陋的小门。房间里,哈尔还坐在凳子上,他绝望地坐在那里,全身覆盖着浓稠的绿色黏液。

那些可怕的绿色黏液量大得惊人。哈尔被整个包裹在里面。一坨坨黏液挂在他的头和肩膀上,堆在膝盖和手上,还顺着腿往下流,从凳子上滴落下来。大部分地面都变成了黏糊糊的小池塘,黏液四处流淌,仿佛长长的手指爬进炉膛,气味非常难闻。

"救命啊!"卡西法嘶哑地小声说——他现在只剩两簇小小的火焰在摇曳,"这东西要把我弄熄了!"

苏菲提起裙子,走到离哈尔最近的地方。其实也不太近。"停下来!"她说,"立刻停止!别耍小孩脾气!"

哈尔一动不动,一言不发。黏液下面,他的脸苍白而悲伤,眼神呆滞。

"我们该怎么办?他死了吗?"迈克尔在门口着急地问。

迈克尔是个好人,苏菲想,就是遇到事情有点儿沉不住气。"没有,他当然没有。"她说,"要不是为了卡西法,他就算一整天都装成鳗鱼冻的样子也和我无关!打开浴室的门。"

迈克尔设法穿过黏液池塘到达浴室,苏菲把围裙扔到壁炉里,防止更多的黏液接近卡西法。她抄起铲子,挖起一堆堆煤灰,填进最大的黏液池里。黏液发出凶猛的嗞嗞声,屋子里蒸汽腾腾,要多难闻就有多难闻。苏菲撸起袖子,弯下腰紧紧抓住巫师黏糊糊的膝盖,然后把哈尔连凳子一起推进浴室。她的脚在黏液里打滑,不过黏液也有助于椅子移动。迈克尔走过来拉住哈尔黏糊糊的衣袖。他们齐心协力把他推进浴室,哈尔还是一动不动,于是他们又把他推进了淋浴房。

"热水,卡西法!"苏菲上气不接下气地说,"要烫一点儿。"

哈尔身上的黏液花了一个钟头才完全洗掉。迈克尔又花了一个钟头说服哈尔从凳子上站起来,换上干衣服。苏菲幸好把缝好的灰红色外套挂在了椅背上,逃过一劫。银蓝色的外套却被毁了,苏菲让迈克尔把它泡到浴缸里。她一边念念叨叨,一边取来更多热水。她转动门把手,让绿色朝下,然后把所有的黏液都扫到荒地里去。城堡就像蜗牛一样在寻石楠上留下一条痕迹,不过这真是一个清除黏液的好办法。住在移动的城堡里还是有好处的嘛,苏菲一边想,一边擦洗地板。她不知道哈尔的声音是否从城堡里传了出去。要是那样的话,她真为齐坪镇上的人感到抱歉。

苏菲又累又气,她知道哈尔在用绿色黏液报复她。当迈克尔终于让哈尔穿上灰红色外套从浴室里出来,体贴地让他坐在壁炉边的椅子上时,苏菲对他没有丝毫同情。

"这完全就是愚蠢!"卡西法噼里啪啦地说,"你想怎样?打算废掉你最拿手的魔法吗?"

哈尔毫无反应,他只是坐在那里悲伤地发抖。

"我没法让他开口!"迈克尔难受地低声说。

"就是在闹情绪。"苏菲说。玛莎和莱蒂经常耍小性子,她知道怎么应付这种事。不过,动手去打一个为了头发而歇斯底里的巫师,实在是太冒险了。不管怎样,苏菲的经验告诉她,闹情绪很少是由表面上的原因引起的。她让卡西法挪开,把一锅牛奶架在柴火上,等牛奶热了,然后倒上满满一杯,塞到哈尔手里。"喝吧。"她说,"好了,这场闹剧到底是为了什么?为了你一直追求的那个女孩吗?"

哈尔悲伤地小口喝着牛奶。"是的。"他说,"我冷落了她,想看看她是否回心转意,可是并没有。最后一次见她的时候,她还拿不定主意。可她现在告诉我,她心里有人了。"

他听起来悲痛欲绝,苏菲对他产生了同情。他的头发已经干了,几乎是粉红色的,她为此感到内疚。

"她是这个地方有史以来最美的姑娘。"哈尔继续伤心地说,"我是那么爱她,她却对我的真心不屑一顾,而去怜悯另一个家伙。我对她花了那么多心思,她怎么还会喜欢别人呢?通常我一出现,她们就会立刻抛弃别的追求者。"

苏菲的同情心立刻减少了许多。既然哈尔可以轻易地让绿色黏液覆盖住自己,恢复原来的发色想必也不是什么难事。"你怎么不给那个女孩喝点爱情药水,解决这个问题呢?"

"啊，不。"哈尔说，"又不是在玩游戏。那样就没意思了。"

苏菲的同情又减少了几分。一个游戏，不是吗？"你就不能为那个可怜的女孩着想吗？"她生气地说。

哈尔喝完牛奶，他凝视着杯子，露出伤感的笑容。"我无时无刻不在想她。"他说，"亲爱的、可爱的莱蒂·海特。"

苏菲的同情心烟消云散，取而代之的是无比的焦虑。哦，玛莎！她想。你可真忙啊！原来你说的那个人不是塞萨利店里的什么伙计。

第七章

稻草人阻止苏菲的离开

那天傍晚,要不是苏菲全身疼痛难忍,她一定动身去齐坪镇了。泊特港连绵的阴雨几乎浸入了她的骨髓。她躺在自己舒适的小窝里,一边忍受着疼痛,一边担心起玛莎。也许没那么糟,她想。她只需要告诉玛莎,让她拿不定主意的那位追求者不是别人,正是巫师哈尔。玛莎一定会被吓退的。她会告诉玛莎,吓跑哈尔最好的方法就是宣布她爱上了他,也许还可以用姨妈作为威胁。

第二天早上起床,苏菲的关节仍然嘎吱作响。"荒野女巫见鬼去吧!"她喃喃地对自己的拐杖说,她把它拿出来,准备出发。她听见哈尔在浴室里唱歌,就像他这辈子从来都没耍过性子。她蹑手蹑脚,迈着蹒跚的步子,用她最快的速度走向门口。

不出所料,哈尔在她到达之前就从浴室里出来了。苏菲看着他,心里很不是滋味。他看起来容光焕发,散发出苹果花的芬芳。阳光从窗户洒进来,照耀在他灰红色的套装上,在头发上映出一圈粉红色的光晕。

"我觉得这个发色看起来不错。"他说。

"你真的那么想?"苏菲嘟哝道。

"和我的套装很搭。"哈尔说,"你的针线活儿还不赖,不是吗?你让这身套装更有型了。"

"嚯!"苏菲说。

哈尔的手停在门把手上。"是疼痛困扰着你吗?"他说,"还是有别的烦心事?"

"烦心事?"苏菲说,"我有什么好烦恼的?只不过有人在城堡里堆满了腐烂的肉冻,震聋了泊特港的每一个人,把卡西法吓成了煤渣,伤透了几百颗心。我为什么要操心这些事?"

哈尔大笑。"抱歉,"他转动把手,让红色朝下,"今天国王要接见我。我可能要在皇宫里待到晚上。不过我回来的时候可以帮你治治风湿病。别忘了告诉迈克尔,我把他要的咒语放到台子上了。"他对苏菲粲然一笑,然后步入金斯伯里的尖塔群之中。

"你别以为那样就能一笔勾销!"门关上了,苏菲咆哮。可是那个微笑让她动摇了。"那个微笑在我身上都管用,难怪会让可怜的玛莎昏了头。"她嘀嘀咕咕地说。

"你出门之前别忘了给我添根柴火。"卡西法提醒她。

苏菲颤颤巍巍地往炉膛里扔了一根木头,然后继续往门口走去。这时迈克尔冲下楼来,一边朝门口跑去,一边抓起桌上剩下的一块面包。"你不会介意吧?"他焦急地说,"我回来的时候会带新鲜的面包。今天我有非常要紧的事,天黑之前才会回来。如果船长来拿他的风之咒语，东西就放在工作台上，上面写得很清楚。"他把门把手转到绿色朝下，把面包紧紧揣在身上，跃进起风的山坡。"再见！"他喊道。城堡缓慢地从他身边经过，门砰的一声关上了。

"讨厌！"苏菲说，"卡西法，城堡里没人的时候，别人可以开门吗？"

"我会帮你和迈克尔开门，哈尔自己开。"卡西法说。

也就是说，苏菲离开之后，没人会被锁在外边。她不确定自己还会不会回来，但她不打算告诉卡西法。她等了一会儿，估摸着迈克尔走远了，才重新往门口走去。这一次卡西法阻止了她。

"如果你要离开很久，"他说，"你最好放一点儿柴火在我拿得到的地方。"

"你拿得动柴火吗？"虽然有点儿不耐烦，苏菲仍然很感兴趣地问。

卡西法没说话，而是伸展手臂一般的蓝色火焰，火焰在末端分成绿色的手指状。看起来既不能伸得很长，也不太强壮。"看到了吗？我几乎够得到炉膛了。"他骄傲地说。

苏菲把柴火堆在壁炉前面，这样卡西法至少可以够得着最上面的那一块。"把它们弄进炉膛之前，别烧着了。"她警告他，然后又一次朝门口走去。

这一次还没等她走近，又有人敲门。

今天真不顺，苏菲想。一定是船长来了。她伸手转动到蓝色朝下。

"不,那是城堡的门。"卡西法说,"我不确定——"

那么是迈克尔因为什么事回来了,苏菲一边想,一边打开门。

一张大头菜脸正深情地望着她。她闻到一股霉味儿。广阔的蓝天下,一条破烂手臂在一根残木端头绕着圈,试图来抓她。原来是一个稻草人,只不过是用木棍和破布条做的,活蹦乱跳的,还想到屋里来。

"卡西法!"苏菲尖叫,"让城堡走快一点儿!"

门口的石头砖块嘎吱作响。棕绿色的荒地突然飞逝而过。稻草人用木棍手臂敲着门,当城堡前进把它抛在后面时,它一路剐擦着城墙。它另一只手打着圈,试图抓住石头,请求让自己进到城堡里来。

苏菲重重地关上门。作为家里的老大,出来碰运气真是愚蠢!她想。那是她来城堡的路上支在树篱里的稻草人,她对它开了个玩笑。现在,那个玩笑似乎赋予了它邪恶的生命,让它一路跟随她来到这里,还想用手挠她的脸。她跑到窗边去看那个东西是否还不死心。

当然,她看到的只有阳光明媚的泊特港。屋顶对面,桅杆上升起船帆,一群海鸥在蓝天下盘旋。

"同时出现在几个地方真是累死了!"苏菲对工作台上的骷髅头说。

她马上发现了成为一个老太婆真正的弊端。她心律不齐,心脏就像要从胸膛里跳出来一样。太痛苦了。她全身发抖,膝盖晃个不停。她真以为自己就要死了。她只好在壁炉边的椅子上坐下来，捂着胸口，上气不接下气。

"有什么不对劲吗？"卡西法问。

"是啊，我的心脏。门外有个稻草人！"苏菲气喘吁吁地说。

"稻草人和你的心脏有什么关系？"卡西法问。

"它想进到屋子里来，把我吓坏了。至于我的心脏——你不会懂的，你这个年轻的傻火魔！"苏菲喘着气说，"你又没有心。"

"我有啊，"卡西法像展示自己手臂那样骄傲地说，"就在木柴下面发光的地方。别叫我小年轻，我可比你大了几百万岁呢！现在我可以让城堡减速了吗？"

"除非稻草人离开了。"苏菲说，"它走了吗？"

"我不知道。"卡西法说，"它又不是血肉之躯，你瞧，我告诉过你的，我根本看不到外面。"

苏菲重新起身，吃力地往门口走去，她感到很不舒服。她缓慢而警觉地打开门。陡峭的绿色群山，岩石和紫色山坡旋转着一闪而过，她头晕眼花，但仍然抓住门框，沿着墙探出身子，朝身后的荒野四下张望。稻草人就在后面五十码的地方。它带着一种邪恶的勇气，从树林跳进帚石楠里，晃动的木棍手臂以某种角度支撑在山坡上保持平衡。苏菲看到城堡把它远远地甩在后面。它速度很慢，但仍然紧追不舍。她关上门。

"它还在那儿，"她说，"就跟在我们后面跳，再快点。"

"那会打乱我的计划的。"卡西法解释，"我打算绕着山坡转一圈，然后回到迈克尔出发的地方，在天黑之前去接他。"

"那就用两倍的速度,绕着山坡转两圈。只要你能把那个可怕的家伙甩掉!"苏菲说。

"真是大惊小怪!"卡西法咕哝着,却也照办了。苏菲第一次真正感觉到城堡发出轰隆声。她缩在椅子上,以为自己就快没命了。在和玛莎谈话之前,她还不想死。

随着时间的流逝,城堡里的每样东西都在快速晃动。玻璃瓶叮叮当当,工作台上的骷髅头哗啦作响。苏菲听到有东西从浴室的架子上掉下来,落进浸泡着哈尔银蓝色套装的浴缸里。她觉得自己缓过来了,于是又一次拖着沉重的脚步走到门口张望,头发飘在风中。大地在下方飞驰,群山仿佛在缓慢旋转。城堡快速地翻山越岭,发出震耳欲聋的轰鸣,喷出滚滚浓烟。稻草人变成了远处山坡上的一个小黑点,然后消失在视线里。

"很好,这样我晚上就能停下了。"卡西法说,"这可真是个重活儿。"

轰隆声停止了,屋里的东西也不再摇晃。卡西法用火焰的方式进入了梦乡。他钻到柴火下面,木头被烧成通红的圆柱体,覆盖着白灰,只在最底部有一丁点儿蓝绿色。

苏菲彻底缓过劲儿来了。她从浴缸黏糊糊的水里捞出六个盒子和一个瓶子。盒子被浸透了。昨天发生的事让她不敢直接放回去,她非常小心地把它们放在地上,然后把标注着"干燥分"的东西撒在上面。真是令人鼓舞,它们立刻就干了。苏菲放掉浴缸的水,把"分"撒在哈尔的套装上,它也干了。虽然绿色污渍还在,衣服也缩水了,但苏菲很高兴自己总算有件事做对了。

苏菲忙着做晚餐时，心情都一直很好。她将东西堆在骷髅头周围，放到工作台的一端，开始切洋葱。"至少你不会流眼泪，我的朋友，"她对骷髅头说，"你可真走运。"

门弹开了。

苏菲以为稻草人进来了，她吓了一跳，差点切到手。是迈克尔。他兴冲冲地进屋，把一条面包、一个派和一个粉白条纹的盒子放到洋葱上，然后搂着苏菲瘦骨嶙峋的腰在房间里跳起舞来。

"没事了！没事了！"他欢快地叫起来。

苏菲跌跌撞撞地躲闪着迈克尔的靴子。"慢点！慢点！"她喘着气，晕乎乎地拿着刀，尽力避免伤到他们俩，"什么没事了？"

"莱蒂爱上我了！"迈克尔大喊，几乎把她拉到浴室和壁炉里跳舞，"她甚至没见过哈尔！我弄错了！"他拉着她在房间中间旋转着起舞。

"你快放开我，刀都要砍到我们身上了！"苏菲尖叫，"把话说清楚一点儿。"

"哟呼！"迈克尔大喊。他旋转着，把苏菲扔进椅子里，让她坐着喘口气。

"昨晚我真希望你把他的头发染成蓝色！"他说，"不过现在无所谓了。当哈尔说到'莱蒂·海特'时，我甚至想亲自给他染成蓝色。你看到他说话的样子了。我知道，他一旦得手就会抛弃这个女孩，就像对其他人那样。当我想到那是我的莱蒂——总之，你知道他说过还有个追求者，我认为那就是我！

于是今天我赶去齐坪镇。现在没事了！哈尔说的一定是另外一个同名的女孩。莱蒂说从来没有见过他。"

"让我们理一下，"苏菲晕乎乎地说，"我们说的是在塞萨利糕点铺工作的莱蒂·海特，对吗？"

"当然了！"迈克尔喜气洋洋地说，"自从她到那里工作，我就爱上了她。她说她爱我的时候，我几乎不敢相信。她有无数的倾慕者。要是哈尔也是其中一员，我一点儿都不会奇怪。我现在终于放心了！为了庆祝，我从塞萨利给你买了蛋糕。我放哪儿了？哦，在这里。"

他把粉白相间的盒子塞给苏菲，洋葱掉到她的腿上。

"你多大了，我的孩子？"苏菲问。

"上次五朔节就满十五岁啦。"迈克尔说，"卡西法从城堡里放了烟花。是不是，卡西法？哦，他睡了。你也许觉得订婚对我来说太早了——我还有三年的学徒期，莱蒂的更长——但我们互相发了誓，一定要等到那一天。"

迈克尔的年龄倒和玛莎挺配，苏菲想。而且她知道他是个踏实的好人，将来还有巫师的大好前程。保佑玛莎！当她回想起那个稀里糊涂的五朔节，她才反应过来，迈克尔就在柜台前大叫着玛莎名字的那群人里，而哈尔在集市广场外面。

"关于哈尔，你确定莱蒂说的是真话吗？"她焦急地问。

"我确定，"迈克尔说，"我看得出来她有没有撒谎。她会停下来，不去捻大拇指。"

"她的确是这样！"苏菲咯咯地笑着说。

"你怎么知道？"迈克尔惊讶地问。

"因为她是我妹——妹妹的外孙女。"苏菲说,"她小时候很爱撒谎,但她还年轻,而且——呃……也许长大了会变。她——呃,也许样子也会变。"

"我也会啊。"迈克尔说,"我们这个年纪的人自然会有些变化,不过这没什么,她仍然是莱蒂。"

某种意义上来说也没错,苏菲想。"不过假设她说的是真的,"她焦急地接着说,"万一她认识的是化名的哈尔怎么办呢?"

"别担心,我早就考虑到了!"迈克尔说,"我形容了哈尔的样子——你知道他很容易辨认——她真的从没见过他和他那把破吉他。我甚至不需要告诉她,他其实压根儿就不会弹那个玩意儿。她从没见过他,她说这话的时候一直在捻着拇指。"

"那就放心了!"苏菲说着,僵硬地躺回椅子。玛莎的事的确让她松了口气,不过也不能掉以轻心,因为她知道这个地区只有一个莱蒂·海特。如果真有另外一个人叫这个名字,早就有人在帽子店里八卦起来了。显然,见到过哈尔的"莱蒂·海特"不是糕点铺的那位,而是在叠嶂坡跟着安娜贝尔·费尔法克斯夫人修习魔法的那位。听起来莱蒂意志坚定,还没有对哈尔投降。苏菲担心的是,莱蒂告诉了哈尔她的真名。她可能对他有些不确定,但她一定很喜欢他,而且信任他,才会说出这么重要的秘密。

"别总是一副焦虑的样子!"迈克尔靠在椅子上大笑,"看看我给你买的蛋糕。"

苏菲打开盒子,意识到迈克尔已经没有把她当成眼中钉了,还对她产生了好感。她又开心又感激,以至于决定告诉迈克尔所有的真相,关于莱蒂、玛莎以及她自己。他应该知道自己要娶的人来自什么样的家庭,这很公平。盒子打开了,里面装着塞萨利最美味的蛋糕,上面覆盖着奶油和樱桃,还有卷曲的巧克力碎。

"噢!"苏菲禁不住赞叹。

方形的门把手咔嗒一声,自动转到红色朝下的位置,哈尔回来了。"这个蛋糕真是棒极了!是我最喜欢的。"他说,"你在哪儿买的?"

"我——呃——我顺道去了塞萨利的店。"迈克尔不由自主含糊地说。苏菲抬头看着哈尔。她每次决定说出自己被施了咒的时候,总有什么冒出来打断她。看样子连巫师都来凑热闹了。

"去一趟是值得的。"哈尔仔细端详着蛋糕说,"我听说塞萨利是全金斯伯里最好的糕点铺。我真迟钝,还从来没去过。我看到工作台上有一个派?"他走过去察看。"放在一堆洋葱里的派。看样子有人把玩了骷髅头。"他拿起骷髅头,敲掉它眼眶里的洋葱圈,"我看到苏菲又忙活起来了。你就不能制止她吗,我的朋友?"

骷髅头牙齿发出声响。哈尔吃了一惊,急忙把它放下。

"出什么事了吗?"迈克尔问,他似乎明白这个动作的意思。

"是的,"哈尔说,"我要找人在国王面前抹黑我的名声。"

"马车咒出了什么岔子吗?"迈克尔又问。

"没有,我表现得很完美。这就是问题。"哈尔说,不停地用一只手指转动洋葱圈,"国王想派我去做别的事。卡西法,如果我们不小心行事,他会任命我为皇家巫师。"卡西法没有回答。哈尔扫了一眼壁炉,发现卡西法睡着了。"叫他起来,迈克尔。"他说,"我得问问他。"

迈克尔朝卡西法扔了两根柴火然后叫他的名字。除了冒了一股烟,什么动静都没有。

"卡西法!"哈尔大喊。还是不管用。哈尔神秘地看了迈克尔一眼,然后拿起烧火棍,苏菲从没见过他这个举动。"对不住了,卡西法。"他说着,在没有烧尽的木头下面戳来戳去,"起来!"

一股浓浓的黑烟升起,然后停下来。"走开。"卡西法嘟哝着,"我累了。"

这时,哈尔看起来有些惊慌:"他怎么了?我从来没见过他这副模样!"

"我想是因为稻草人的原因。"苏菲说。

哈尔跪着转过去,然后用晶莹剔透的眼睛盯着她:"这次你又干了什么好事?"苏菲解释的时候,他一直凝视着她。"一个稻草人?"他说,"卡西法同意让城堡加速就是为了一个稻草人?亲爱的苏菲,请告诉我你到底把一个火魔欺负成什么样,才让他这么听话。我真的很想知道!"

"我没欺负他。"苏菲说,"那东西把我吓坏了,他只是同情我。"

"那东西把她吓坏了,而卡西法只是同情她。"哈尔重复了一遍,"我的好苏菲,卡西法从来不同情任何人。算了,我希望你喜欢生洋葱和冷掉的派当晚餐,因为你差点儿就把卡西法弄灭了。"

"还有蛋糕呢。"迈克尔说,试图缓和一下气氛。

食物也没有打消哈尔的怒气,他很焦虑,吃饭的时候仍然不停地留意炉膛里没有烧尽的柴火。冷掉的派味道也不错,苏菲在生洋葱里放了一些醋,吃起来还挺美味的。蛋糕棒极了。吃饭的时候,迈克尔试着问哈尔,国王到底想要什么。

"还没有明确。"哈尔闷闷不乐地说,"但不妙的是,他在用他弟弟的事试探我。显然,贾斯汀王子出走之前,他们大吵了一架。国王明显希望我主动请缨,帮他寻找弟弟的下落。我就像个傻瓜一样去了,还说我认为苏里曼巫师没死,这就让事情变得更糟了。"

"为什么你想逃避寻找王子?"苏菲追问,"你觉得自己找不到他吗?"

"你不仅欺负人,还很粗鲁,是不是?"哈尔说。他仍然没有原谅她对卡西法做的事。"我不想插手,是因为我知道我能找到他。你真要刨根问底,我可以告诉你,贾斯汀是苏里曼的好朋友,那场争吵就是因为他告诉国王他要去找苏里曼。他一开始就不赞成国王派苏里曼去荒野。肯定连你都知道,荒野里有那么一个可怕的女人。去年她发誓要把我活活油炸。她对我施了咒,到目前为止我还没事是因为我够机灵,给她报了一个假名。"

苏菲几乎惊呆了:"你是说,你抛弃过荒野女巫?"

哈尔又给自己切了一块蛋糕,神情忧郁,又有一丝得意:"话也不能这么说。我承认,我有段时间挺喜欢她的。某种程度上，她是一个可怜的女士，没人爱她。英格里王国上下的每个男人都怕她。你该明白那种感觉，亲爱的苏菲。"

苏菲愤怒地张大了嘴。迈克尔赶紧说："你觉得我们应该移动城堡吗？这就是你发明它的原因，对吗？"

"那取决于卡西法。"哈尔又转过头去，看到柴火几乎没有烟冒出来，"我只能说，要是国王和荒野女巫都在追赶我，我只能把城堡安置在千里之外的一块岩石上了。"

迈克尔显然后悔自己多嘴了。苏菲看得出，他在想千里之外离玛莎实在太遥远了。"可是你的莱蒂·海特怎么办呢？"她对哈尔说，"如果你搬走了？"

"我想那就只能结束了。"哈尔心不在焉地说，"可是如果想到一个摆脱国王的办法……有了！"他举起叉子指着苏菲，上面还有蛋糕上的奶油在融化，"你可以去向国王诋毁我。你就假装是我年迈的母亲，来为你的宝贝儿子求情。"他对苏菲露出微笑，毫无疑问，他就是那样迷住荒野女巫甚至莱蒂的。笑容像火光一样沿着叉子，穿越奶油，直直地射入苏菲的眼睛里，让人神魂颠倒。"如果你都能使唤卡西法，国王对你来说就是小菜一碟。"

苏菲目眩神迷，呆呆地看着，一句话都没有说。到了开溜的时候了，她想。她要离开。对不住卡西法的契约了，她受够了哈尔。先是绿色黏液，然后又为了卡西法自愿做的事对她怒目而视，现在又来这一套。明天一早她就溜回叠嶂坡，把这一切都告诉莱蒂。

第八章

苏菲离开城堡东奔西走

第二天早上,卡西法又愉快地燃烧起来,火焰通红明亮,苏菲松了口气。哈尔也为卡西法感到高兴,要不是受够了哈尔,她差点就被他的样子感动了。

"我以为她把你弄死了,你这个老家伙。"哈尔跪在炉膛边,袖子落在煤灰里。

"我只是累了。"卡西法说,"城堡就像被什么拽着似的,我从来没让它移动得那么快。"

"好了,下次千万别听她的。"哈尔说。他站起来,优雅地刷掉灰红色外套上的煤灰。"今天开始着手做那个咒语吧,迈克尔。如果国王派人来,就说我有要紧的私事出门去了,明天才回来。我要去见莱蒂,你可别说漏嘴了。"他拿起吉他,让门把手绿色朝下,打开门,外面是辽阔多云的山坡。

稻草人又出现了。哈尔一打开门,它就侧着倒在他身上,大头菜脸挨着他胸口。吉他发出刺耳的"铛——嗡——"的声音。苏菲吓得尖叫一声,紧紧抓住椅子。稻草人的一只木棍手臂直挺挺地剐擦着,拼命想抓住门。哈尔用双脚用力支撑住自己,看样子他被撞得不轻。毫无疑问,那玩意儿一心想要进入城堡。

卡西法的蓝脸从炉膛里伸出来。迈克尔呆呆地站在后面。"真的是一个稻草人!"他们不约而同地说。

"哦,是吗?那怎么不早说!"哈尔气喘吁吁,他飞起一脚朝门框踢过去。稻草人笨拙地往后飞去,落在几米远的帚石楠丛里,发出一声轻响。可它马上弹起来,又往城堡跳过来。哈尔急忙把吉他放到门阶上,前去对付它。"不行,我的朋友。"他说着伸出一只手,"从哪儿来,回哪儿去吧。"他伸出手慢慢往前走。稻草人后退几步,警惕地慢慢往后跳。哈尔一旦停下脚步,它也停下来。它的一条腿插进帚石楠地里,破烂手臂不停地比画,就像准备好迎战的人。它手臂上飘扬的破布条就像是对哈尔衣袖的蹩脚模仿。

"你还不走?"哈尔说。大头菜脑袋慢慢地摇头。不。"恐怕你不得不走。"哈尔说,"你吓坏了苏菲,天知道她会有什么样的举动。更何况你还吓坏了我。"哈尔的手臂猛地一抬,就像要提起千斤之重。当手臂高过头顶,他喊出一个奇怪的词,突如其来的雷鸣盖过了他的声音。稻草人一下子往后飞走了,破布条在风中飘扬,它挥舞着手臂表示抗议。它越飞越远,变成云里的一个小黑点,最后完全消失了。

哈尔放下手臂,他回到门口,用手背擦了擦脸。"我收回我的刻薄话,苏菲。"他一边喘气一边说,"那玩意儿太可怕了,昨天也许就是它一直把城堡往后拉。它身上有我所见过的最强大的魔法。它究竟是什么？难不成是你给上一家人打扫卫生时剩下的？"

苏菲勉强挤出一丝笑容，她的心脏又不舒服了。

哈尔察觉出她有些不对劲。他从吉他上一跃而过，扶着她的手肘，让她坐在椅子上。"现在没事儿了！"哈尔和卡西法之间好像发生了什么，苏菲感觉到了，因为哈尔扶她的时候，卡西法仍然在炉膛外探头探脑。无论如何，她的心脏一下子恢复正常了。哈尔看了看卡西法，他耸耸肩，转身给迈克尔下达了一堆指令——让苏菲静养一天，这才拿起吉他出门。

苏菲躺在椅子上，装出比实际多两倍的痛苦。她必须等哈尔先走。可不巧的是，他也要去叠嶂坡。何况她走路实在太慢，等她到了，估计哈尔都准备往回走了。不过重点是不能在半路上碰到他。她偷偷地看了迈克尔一眼，迈克尔摊开咒语，对着它抓耳挠腮。她一直等到他从架子上拽出一本厚厚的有皮革封面的书，一脸沮丧，手忙脚乱地做笔记。待他非常投入的时候，苏菲喃喃地说了好几声："太闷了！"

迈克尔没有留意。"闷死了，"苏菲说着站起来，蹒跚着走向门口，"新鲜空气。"她打开门出去了。卡西法体贴地让城堡停下。苏菲踏进帚石楠地，环视一周，辨认方向。通往叠嶂坡的是帚石楠丛里一条铺满沙子的小路，刚好从城堡直通到山脚下。卡西法自然要给哈尔行个方便。苏菲开始往前走，她有些伤感，她会想念迈克尔和卡西法的。

快走到沙子路时，她身后传来一声呼喊。迈克尔从山坡上跳下来一路追赶，高高的黑色城堡摇摇摆摆地跟在他后面，焦急地从四个塔楼里喷出烟来。

"你在做什么？"迈克尔追上去问。苏菲看得出来，他一定认为稻草人让苏菲的脑子出问题了。

"我好得很呢。"苏菲愤慨地说，"我只是去见我另一个妹妹的孙女，她也叫莱蒂·海特。现在你明白了吗？"

"她住在哪儿？"迈克尔追问，就像他觉得苏菲不知道一样。

"叠嶂坡。"苏菲说。

"那有十多英里远！"迈克尔说，"我向哈尔保证过，要让你好好休息。我不能让你去。我说过，不会让你离开我的视线。"

苏菲毫不领情。那是因为哈尔认为她现在还能派上用场，他想让自己去见国王，所以当然不希望自己离开城堡。"哼！"她嗤之以鼻。

"此外，"迈克尔有些搞清楚状况了，"哈尔一定也去了叠嶂坡。"

"我当然知道他去了。"苏菲说。

"那你一定是在担心那个女孩，如果她是你的甥孙女。"迈克尔终于明白了，"我懂了！可是我不能让你去。"

"我要去。"苏菲说。

"如果哈尔发现你在那儿，他会大发雷霆的。"迈克尔继续分析，"因为我向他保证会让你好好休息，所以他会对我们俩发火的。"苏菲差点要打他，他大叫起来，"对了！扫帚柜里有一双千里飞靴!"

他抓起苏菲皮包骨头的苍老手腕,拖着她上坡,回到等在那里的城堡。苏菲不得不在帚石楠地里跳来跳去,免得被绊倒。"可是,"她气喘吁吁,"千里飞靴一步是七里格[1],相当于二十一英里。我两步就到泊特港了!"

"不,一步是十英里半。"迈克尔说,"和到叠嶂坡的距离差不多。如果我们每人穿一只靴子一起走,我就不会让你离开我的视线,而你也不会太累,我们会比哈尔先到,他压根儿不会发现我们。这样就万事大吉了!"

迈克尔对自己这个计划感到十分满意,苏菲不忍心反驳。她耸耸肩,希望迈克尔早点发现真相,最好是在两个莱蒂再次互换角色之前。迈克尔把靴子从扫帚柜里翻出来时,苏菲满脸狐疑。她一直以为那是两只掉了把手又被压扁了的锅。

"你要连鞋子一起穿进去。"迈克尔解释,他把两只重重的、水桶状的东西提到门口,"这是哈尔为国王的军队做的靴子雏形,我们后来改良过的更轻便,更像靴子。"他和苏菲一起坐到门阶上,每人伸了一只脚在靴子里。"在踩下靴子前,先让自己朝着叠嶂坡。"迈克尔告诫她。他和苏菲用穿着普通鞋子的那只脚站起来,小心地转过身,面对叠嶂坡。"现在踩下去。"迈克尔说。

嗖!周围的风景立刻在他们身后一闪而过,快得只剩下一片模糊的影子。灰绿色是土地,灰蓝色是天空。

---

[1] 里格(league),一种旧时的长度单位,一里格相当于三英里(miles)。

风撕扯着苏菲的头发和她脸上的每一道皱纹,她心想,到了之后恐怕自己的脸有一半都被吹到耳朵后面去了。

就和开始的时候一样突然,他们到了。这里阳光灿烂,一片宁静。他们降落在叠嶂坡的牧草上,周围一片齐膝深的毛茛,附近有一头奶牛盯着他们。一栋乡间小屋坐落在远处的树林里。不幸的是,水桶靴子实在太沉了,苏菲落地的时候一个趔趄。

"别把脚放下来!"迈克尔大喊,可惜太迟了。

又是嗖的一声,模糊一片,还有更急速的风。当一切停止,苏菲发现自己身处叠嶂谷,几乎快到叠嶂沼泽。"哦,该死!"她小心地跳着转身,又试了一次。

嗖!模糊一片。她又回到了叠嶂坡的草地上,可靴子的重量又让她踉跄着往前跨了一步。她瞥见迈克尔冲过来想抓住她——

嗖!模糊一片。"哦,讨厌!"苏菲唉声叹气。她又回到山上了。城堡奇形怪状的黑影就在附近优哉游哉地游荡。卡西法自娱自乐,从塔楼里吐出黑色的烟圈。苏菲刚看到这一幕,鞋子又让她在帚石楠地里绊了一跤。

嗖!嗖!这一次苏菲接连来到齐坪镇的集市广场和一栋豪宅门前的草坪。"糟糕!"她大喊,"讨厌!"每个地方都只来得及说一句话。然后她又因为惯性重新启程。又是嗖的一声!她来到山谷尽头的一片田野,一头巨大的红牛从草地里抬起上了环的鼻子,低头用牛角示威。

"我这就走!好伙计!"苏菲大喊着疯狂跳转过去。

嗖！回到豪宅。嗖！集市广场！嗖！又回到城堡。她有点儿掌握到诀窍了。嗖！这里是叠嶂坡——但怎么停下来？嗖！

"啊，该死！"苏菲大叫，又差不多到叠嶂沼泽了。

这一次，她非常小心地转身，考虑清楚才踏下去。嗖！这一次靴子幸运地落在了一堆牛粪上，她一屁股坐在地上。苏菲动弹不得，迈克尔跳出来把苏菲的靴子从她脚上拽下来。"谢谢你。"苏菲上气不接下气，"似乎我根本就没有停下来的理由。"

苏菲的心脏怦怦直跳，但仅仅是剧烈运动之后心跳加快。他们穿过牧场，往费尔法克斯太太的房子走去。苏菲非常感激迈克尔和卡西法，无论他们做了什么。

"真是个好地方。"迈克尔评价，他把靴子藏在费尔法克斯太太家的篱笆里。

苏菲也这么认为。这是镇上最大的房子，屋顶上覆盖着茅草，黑色的横梁搭配白色的墙。苏菲回忆起小时候到这里来，花园里百花齐放，蜜蜂嗡嗡飞舞。穿过花园就是门廊，门廊上的忍冬花和攀爬的白玫瑰就像在比赛谁能吸引更多蜜蜂。那是一个美好的夏日清晨，就在这里，就在叠嶂坡。

费尔法克斯太太亲自来开门。她是那种胖胖的、和蔼的女士。长长的金黄色头发盘在头上，仅仅是看着她就会觉得生活很美好。苏菲不由得对莱蒂产生了一丝小小的嫉妒。费尔法克斯太太看了看苏菲，又看了看迈克尔。她最后一次见到苏菲是一年前，那时的苏菲还是一个十七岁的少女。她根本就认不出眼前这个九十岁的老太婆。"早上好。"她礼貌地说。

苏菲叹了口气。迈克尔说："这位是莱蒂的姨婆，我带她来这里见莱蒂。"

"啊，我就说怎么有点儿面熟！"费尔法克斯太太招呼道，"长得就像一家人。快进来。莱蒂现在稍微有点儿忙，不过你们可以边等边吃点儿司康饼加蜂蜜。"

她把前门打开。一条大大的柯利牧羊犬从费尔法克斯太太的裙子下面挤过去，然后从苏菲和迈克尔中间冲过去，又从最近的花坛里穿过去，把花踩得乱七八糟。

"哦，快抓住它！"费尔法克斯太太惊呼，她急忙追赶，"我可不想它现在跑出来！"

那是一场手忙脚乱的追捕。狗东躲西藏，一边跑一边发出受惊的呜呜声。费尔法克斯太太和苏菲跟在狗的后面追，她们跳过花坛，互相挡住了去路。迈克尔跟在苏菲后面大喊："停下来！你会生病的！"狗绕到房子的墙角，迈克尔意识到，让苏菲停下来最好的办法就是让狗先停下。于是他从花坛横穿过去，追着狗绕到房子另一边，终于在果园附近用双手抓住它背上厚厚的毛。

苏菲蹒跚而至，发现迈克尔拉着狗往后退，脸上的表情怪怪的。一开始她还以为他不舒服，但迈克尔频频朝果园点头示意，苏菲这才反应过来他是想告诉她什么。她从房子转角探出头，以为自己会看到一大群蜜蜂。

原来是哈尔和莱蒂在苹果林里。苹果树上爬满了青苔，苹果花开得正盛，远处有一排蜂巢。莱蒂坐在一张白色的花园长椅上，哈尔在草地上单膝下跪，握着她的手。他高贵而热忱，莱蒂充满爱意地对他微笑。可苏菲想到的是，糟糕，莱蒂一点儿都不像玛莎,她就是自己最动人的模样。莱蒂穿着和头顶盛开的苹果花同一个颜色的粉白裙子,乌黑发亮的卷发从肩膀一侧披下来,眼睛闪闪发亮,流露出对哈尔的一往情深。

苏菲把头从转角缩回去,沮丧地看着抓着柯利牧羊犬的迈克尔。狗还在哀嚎。"他一定使用了加速咒。"迈克尔小声说,他也同样沮丧。

费尔法克斯太太找到他们,一边喘着粗气,一边把松散的金黄色卷发别上去。"坏狗!"她凶狠地对柯利犬小声说,"你再这样,我就要对你施咒了!"狗眨了眨眼睛,趴下来。费尔法克斯太太严肃地用手一指:"进去!待在屋子里!"柯利犬从迈克尔手中挣脱出来,灰溜溜地跑到房子的另外一边去了。"真是太感谢你们了。"费尔法克斯太太对迈克尔说,"它总是去咬莱蒂的客人。进去!"她厉声说。柯利犬似乎想从房子另一侧绕回果园。狗转过头悲伤地看了她一眼,然后垂头丧气地从门廊爬进了屋子。

"说不定狗的直觉是对的。"苏菲说,"费尔法克斯太太,你知道莱蒂的客人是谁吗?"

费尔法克斯太太咯咯地笑了。"巫师彭德拉根,或者是哈尔,随便他叫自己什么名字。"她说,"莱蒂和我都假装不知情。他第一次来才把我乐坏了,他声称自己是希维斯特尔·奥克。我知道他已经把我忘了,可我没有忘记他,虽然他在学生时代是黑色头发。"费尔法克斯太太十指交叉,笔直地站起来,苏菲以前经常见她这么做,知道她准备开始长篇大论,"她是我的导师退休前收的最后一个学生。那时候费尔法克斯先生还在世,他喜欢时不时让我带他移形换位,一起到金斯伯里去看演出。速度慢的话,我能很好地应付。在金斯伯里,我经常去拜访彭斯特梦老夫人。她喜欢以前的学生去看她。有一次,她向我介绍了年轻的哈尔。哦,她可真为他感到骄傲。你知道,她也教过巫师苏里曼,可她说哈尔比他出色两倍——"

"难道你没听说过哈尔的名声吗?"迈克尔打断她。

在费尔法克斯太太的谈话里插嘴,就像加入别人的跳绳。你必须看准时机,一旦进去了,就成了。费尔法克斯太太把脸往迈克尔那边转过去一点儿。

"在我看来,大部分都是谣言。"她说,迈克尔刚想开口说不是的,可是他已经进入跳绳,只好跟着它的节奏来,"我对莱蒂说:'这可是大好的机会,亲爱的。'我知道哈尔可以教她的东西比我多二十倍——我不妨告诉你们,莱蒂的脑子比我好使,她会有荒野女巫那样的造诣,当然,只是在好的方面。莱蒂是个好姑娘,我很喜欢她。如果彭斯特梦夫人还在教学,我明天就会送她去。但现在没可能了。于是我说:'莱蒂,巫师哈尔追求你,爱上他也不是什么坏事,还可以让他做你的老师。你们俩前途无量。'一开始,莱蒂很不以为然,不过后来她慢慢接受了,到今天似乎进行得很顺利。"

费尔法克斯太太停下来,对迈克尔亲切地笑了笑,苏菲立刻冲进跳绳:"可有人告诉我,莱蒂还有一个心上人。"

"你是想说,为他感到遗憾。"费尔法克斯太太压低嗓子,"那就没办法了。"她另有所指,悄悄地说,"对任何女孩子来说都是个难题。我对他说过,我自己也为他感到惋惜——"

苏菲一头雾水："哦？"

"——可是那是一个可怕的强大咒语。真是很不幸。"费尔法克斯太太接着说，"我只能告诉他，以我的能力，是解不开荒野女巫任何咒语的。哈尔也许能做到，但他总不能去求哈尔吧？是不是？"

迈克尔一直紧张地往房子的墙角看，担心哈尔走出来发现他们，于是他抓住机会打断跳绳："我想我们该走了。"

"你真的不进来尝尝我的蜂蜜吗？"费尔法克斯太太问，"我做每个咒语都几乎用得上它。"她又开始滔滔不绝，这一次是关于蜂蜜在魔法里的神奇功效。迈克尔和苏菲故意往大门外走，费尔法克斯太太跟在他们后面，一边喋喋不休，一边心疼地扶起被狗踩得东倒西歪的植物。与此同时，苏菲绞尽脑汁，想找出一个办法，既不伤害迈克尔的感情，又能搞清楚费尔法克斯太太是怎么分辨那两个莱蒂的。费尔法克斯太太停下来，一边喘气，一边用力扶起一株巨大的羽扇豆。

苏菲乘机问道："费尔法克斯太太，难道不是该我的甥孙女玛莎到你这里来吗？"

"那些调皮的女孩！"费尔法克斯太太扶起了羽扇豆，一边说，一边微笑着摇头，"说得就像我认不出自己做的加了蜂蜜的咒语似的！那时候我对她说'我不会勉强别人，我只想教真心求学的人'，还有，'我不喜欢虚伪的人。你在这里，要么做你自己，要么免谈'。最后的结果你也知道了，皆大欢喜。你真的不想留下来亲自问问她吗？"

"我想我们该走了。"苏菲说。

"我们必须回家了。"迈克尔补充,他又紧张地朝果园看了一眼。迈克尔从篱笆里找出千里飞靴,把苏菲的那一只放在大门外。

"这次我可要把你抓紧了。"他说。

苏菲正把脚伸进靴子,费尔法克斯太太探出身来。"千里飞靴。"她说,"信不信由你,我有好几年没见到一双了。对你这种年纪的人来说,真是太有用了,太太。呃——最近我也在考虑弄一双。这么说,莱蒂是从你这里遗传了女巫天赋?这种东西很少遗传,往往——"

迈克尔抓住苏菲的手臂一拉,两只靴子同时落地。嗖的一声,费尔法克斯太太后面的话消失在风中。接着,迈克尔的脚绷紧,准备刹车,以免撞到城堡上。门是开的,卡西法在屋子里怒吼:"泊特港的门!有人一直在敲门,从你们离开敲到现在。"

第九章

迈克尔遇到难解的咒语

门外是船长,他终于来拿风之咒语了,看上去急不可待。"如果我错过了潮汐,小子,"他对迈克尔说,"我会向魔法师告你的状,我可不喜欢懒虫。"

在苏菲看来,迈克尔对他实在是太客气了,但她情绪低落,顾不上帮他出头。船长走后,迈克尔回到工作台上苦苦钻研咒语,苏菲则在一旁安静地缝补自己的袜子。那是她唯一的一双袜子,突出的脚关节把它戳了几个大洞。她的灰裙子又脏又破。她想过从哈尔那件毁掉的银蓝色外套上剪下一小块绸缎为自己做条新裙子,但她没这个胆子。

"苏菲,"迈克尔说着,从他的第十一页笔记里抬起头来,"你有几个甥孙女?"

苏菲很怕迈克尔提问题。"等你到我这个年纪,小伙子,"她说,"你就数不过来了。她们看起来都一个模样。在我印象里,那两个莱蒂可能是双胞胎。"

"哦,不,不是一回事。"出乎她的意料,迈克尔说,"叠嶂坡的甥孙女没有我的莱蒂漂亮。"他撕下第十一页,然后开始写第十二页,"我真庆幸哈尔没遇到我的莱蒂。"他说着开始写第十三页,然后又撕掉,"当费尔法克斯太太说她认识哈尔的时候,我差点笑出声,你呢?"

"我倒没有。"苏菲说,这对莱蒂来说没什么区别,她想到苹果花下莱蒂明媚动人的脸庞,"我觉得一定是这样。"她不抱希望地问,"也许哈尔这一次是真心的?"

卡西法用鼻子哼了一声,绿色的火星飞溅到烟囱里。

"我就怕你这么想。"迈克尔说,"你这是自欺欺人,就像费尔法克斯太太一样。"

"你怎么知道的?"苏菲说。

卡西法和迈克尔互相交换了一下眼神。"今天早上他没有在浴室里梳洗打扮至少一个钟头吗?"迈克尔问。

"他在里面待了两个钟头,"卡西法说,"在他脸上施各种咒语。虚荣的傻瓜!"

"那就是了。"迈克尔说,"要是有一天哈尔忘了这么做,我才相信他是真的动心了,在此之前都不是。"

苏菲回想起哈尔在果园里单膝下跪,尽量做出潇洒的姿态,她知道他们说得没错。她想去浴室把哈尔的美容咒都扔进马桶,但她不敢那么做,只是蹒跚着找出银蓝色的外套,剪下一些蓝色的小三角形,打算拼成一条裙子。

迈克尔友好地拍了拍她的肩膀:"你知道,每个人最后都能走出来的。"然后把十七页笔记全部扔给了卡西法。

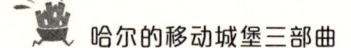

迈克尔显然在咒语上遇到了什么难题。他扔掉笔记，刮下烟囱里的煤灰。卡西法转过身困惑地看着他。迈克尔从悬挂在横梁上的袋子里拿出一捆枯萎的根茎扔进煤灰。他思考良久，然后转动门把手，让蓝色一面朝下。他在泊特港逗留了二十分钟，带回一个大大的螺纹贝壳，把它放进根茎和煤灰里。接着，他又撕了很多张纸放进去。他把所有的东西放在骷髅头前面，然后站着对它吹气，煤灰和纸屑在工作台上空四散飞舞。

"他到底在干吗？"卡西法问苏菲。

迈克尔停止吹气，用杵和钵把所有东西捣碎，无论是纸还是别的。他不时期待地朝骷髅头看一眼，可它一直没有任何反应，于是他又用口袋和罐子里的其他材料尝试。

"监视哈尔让我觉得很不好受。"他一边说，一边在一个碗里使劲捣碎第三批原料，"对女孩子，他的确朝三暮四，可他对我特别好。那会儿在泊特港，我还是个没人要的孤儿，坐在他家门外的台阶上，是他收留了我。"

"到底怎么回事？"苏菲一边问，一边又剪下一片蓝色三角形。

"我的母亲去世之后，我的父亲又在一场暴风雨里淹死了。"迈克尔说，"那种情况下，没人会收留你。我付不起房租，只好离开家流落街头，可是人们总是把我从门口和船上赶走。最后我只有去大家都不敢去的地方。哈尔那时候刚开始用魔法师杰肯的名字，没什么名气。每个人都说他的房子里有魔鬼，于是我在他家门口睡了好几个晚上，直到有一天早上，他出门买面包，我一骨碌滚进了屋子里。他说要去买点吃的，让我在屋子里等他。我进屋了,卡西法就在那里,我和他聊了起来,因为我从来没有遇到过一个火魔。"

"你们聊了什么?"苏菲说,她想知道卡西法是否也让迈克尔帮他破除契约。

"他告诉我他的遭遇,还哭鼻子了,是不是?"卡西法说,"他不相信我也会遇到烦心事。"

"你的确没什么事可操心的,就是爱抱怨。"迈克尔说,"那天早上你对我很友善,我想这给哈尔留下了很深的印象。但你知道他是什么样的人,他没说我可以留下来,只是没赶我走。于是我开始找活儿干,包括打理钱的事儿,免得钱一到手就被他花得精光。诸如此类的事还不少。"

咒语发出呜呜声,小小地炸开了。迈克尔刷掉骷髅头上的煤灰,叹了口气,重新试验新材料。苏菲把围在脚边的蓝色三角形布料拼接起来。

"刚开始的时候,我犯了很多低级错误。"迈克尔接着说,"哈尔对我非常宽容。现在我已经过了那个阶段。在管钱这件事上,我觉得自己做得挺对的。哈尔总是买这种昂贵的衣服,他说没人会雇一个看上去赚不到钱的巫师。"

"那是因为他喜欢衣服。"卡西法说,他橙色的眼睛意味深长地看着干活儿的苏菲。

"这件衣服已经毁了。"苏菲说。

"不仅仅是衣服。"迈克尔说,"还记得去年冬天吗?我们只剩最后一根柴火了,哈尔却跑去买了骷髅头和那把破吉他。我气极了,他却说那些东西还不错。"

"那柴火的事怎么办？"苏菲问。

"哈尔从欠他钱的人那里拿了一些。"迈克尔说，"至少他是那么说的，希望他说的是实话。我们只能吃海藻，哈尔说那东西对身体好。"

"真是好东西。"卡西法嘀咕着，"又干又脆。"

"我可不爱吃。"迈克尔一边说，一边茫然地盯着碗里捣碎的材料，"我搞不懂了——应该有七种材料，或者至少有七个步骤，无论如何，让我们放在五角星里试试。"他把碗放到地上，用粉笔在周围画了一个五角星。

粉末爆炸了，一股强力将苏菲的三角形布料吹进了炉膛。迈克尔骂骂咧咧，急忙擦掉粉笔印。

"苏菲，"他说，"我在这个咒语上卡住了。你能帮帮我吗？行吗？"

就像有人让奶奶帮他们做作业，苏菲想。她捡起三角形布料，耐心地把它们重新摊开。"让我看看。"她谨慎地说，"你知道，我可是对魔法一无所知。"

迈克尔急忙把一张奇怪的、闪着微光的纸塞到她手里。即便对一个咒语来说，它看起来也很不寻常。上面印刷着黑体字，但是有点儿发灰，边缘就像暴风雨里的云，变得很模糊。"说说你的想法。"迈克尔说。

苏菲念道：

　　去吧，抓一颗陨落的星星
　　曼陀罗的根孕育孩子

告诉我时光如何流逝
谁能劈开恶魔的脚趾
教我聆听美人鱼的歌
或者躲开嫉妒的蜇咬
并且找到
那阵风
引领一颗诚实的心

寻找它的答案
再写下你自己的篇章

苏菲完全摸不着头脑,这和她之前偷看过的咒语很不一样。她勉强读了两遍,迈克尔在她旁边着急地解释,却也帮不上什么忙。"你还记得哈尔对我说过,高级咒语里都有谜语吗?我一开始以为每一行都是一个谜。我用带火星的煤灰代表陨落的星星,贝壳代表美人鱼的歌声。我觉得自己多少也算个孩子,我还用了曼陀罗的根,从年鉴上列出过去几年,但我不确定这个——也许这就是我弄错的地方——防止被蜇的东西会是羊蹄叶吗?我从没想过这种事——可无论如何,没一样东西管用!"

"这很正常,"苏菲说,"在我看来,这就是一系列不可能完成的事。"

可迈克尔不那么想。他说得也没错,如果做不到,那就没人可以施咒了。"再说了,"他补充了一句,"我对监视哈尔这件事感到太惭愧了,我想制造出咒语作为补偿。"

"很好,"苏菲说,"那就让我们从'寻找它的答案'开始。这会让事情有进展,毕竟这也是咒语的一部分。"

可迈克尔还是不买账。"不,"他说,"这种咒语只有在你施咒的时候才会自己显现出来。这就是最后一行的意思。当你写下后半段,说出答案,咒语才会起作用。这种咒语非常高级,我们得先把第一件事弄明白。"

苏菲把她的蓝色三角形布料重新堆在一起。"让我们问问卡西法。"她提议,"卡西法是个——"

可迈克尔还是不同意。"不行,小声点。我觉得卡西法也是咒语的一部分。这里写着'告诉我'和'教我'。我一开始以为要教这个骷髅头,可那不管用,那说的一定是卡西法了。"

"如果我说什么你都反对,那你就自己来吧!"苏菲说,"无论如何,卡西法肯定知道是谁劈开了自己的脚!"

听到这儿,卡西法的火苗蹿上来:"我可没有脚。我是火魔,不是恶魔。"说完他缩回木头下面,苏菲在和迈克尔讨论咒语的时候,他一直嘀嘀咕咕地说:"胡说八道!"此时苏菲完全沉浸在这个谜语里了。她把蓝色三角形布料堆在一边,找来笔和纸,像迈克尔那样写下大量的笔记。剩下的时间里,她和迈克尔都望着远方,咬着鹅毛笔,互相出着主意。

苏菲的其中一页笔记是这样写的:

> 大蒜可以防止嫉妒吗?我可以用纸剪出星星,再让它落下来。我们要告诉哈尔吗?哈尔肯定比卡西法

更喜欢美人鱼。别以为哈尔有一颗诚实的心。那么卡西法有吗?过去的几年到底去哪儿了?意思是说某一个干枯的根茎必须结出果实?种在羊蹄草旁边?在贝壳里面?大部分动物都是偶蹄,除了马。用大蒜做成马掌?风?气味?千里飞靴?哈尔是魔鬼吗?千里飞靴制造出的风?靴子里的美人鱼?

当苏菲写下这些的时候,迈克尔在一旁着急地问:"'风'是不是指某种滑轮[1]?绞死一个诚实的人?那可是黑魔法。"

"让我们吃晚餐吧。"苏菲说。

他们吃面包和奶酪的时候仍然凝视着远方。终于,苏菲说:"迈克尔,看在上帝的分上,我们别瞎猜了,动手去试试吧。捕捉流星的最佳地点是哪儿?外面的山上?"

"泊特港沼泽地更平坦。"迈克尔说,"我们能行吗?流星可是飞得很快的。"

"如果我们有千里飞靴的话。"苏菲提醒他。

迈克尔高兴地跳起来,他如释重负。"你说得没错!"他连忙去拿靴子,"我们去试试吧。"

这时天已经黑了,苏菲考虑得很周全,她带上了自己的拐杖和披肩。迈克尔刚把门把手转到蓝色朝下,就发生了两件蹊跷的事。先是工作台上的骷髅头牙齿咔嚓作响,然后是卡西法蹿到烟囱里。"我不想你们走!"他说。

---

[1] 英语里的 wind 作名词有风的意思,作动词有(用绞车)绞起、吊起的意思,而绞刑架上安装着滑轮。

"我们很快就回来。"迈克尔安慰道。

他们走进泊特港的大街。那是一个清朗而温暖的夜晚。走完一条街,迈克尔突然想起苏菲早上生了病,担心夜晚的空气对她身体不好。苏菲让他别想多了。她坚持拄着拐杖往前走,灯火通明的窗户渐渐被他们抛在身后。夜色渐浓,沼泽地阴冷潮湿,弥漫着盐和泥巴的气味。海面闪烁着忽明忽暗的光,海水发出轻柔的沙沙声往后涌去。一望无际的平原在他们面前展开——苏菲看不清楚,更多的是一种感觉。她只能看到淡蓝色的迷雾和水塘上苍白的微光,水洼一个连一个,在远处形成一条浅色的天际线。他们被巨大而辽阔的天空笼罩着。银河就像从沼泽地里升起的一团雾气,星星在里面闪烁。

迈克尔和苏菲前面各自放了一只靴子,站在那儿等星星坠落。

苏菲怕迈克尔担心,足足有半个钟头都在假装自己没发抖。

半个钟头之后,迈克尔说:"五月不是最好的季节,每年的八月或十一月才是最佳时期。"

又过了半个钟头,他忧心忡忡地说:"我们该拿曼陀罗的根怎么办?"

"我们先做好手头的事再操心那个吧。"苏菲说完咬紧牙关,生怕牙齿打战。

又过了一会儿,迈克尔说:"你回家吧,苏菲。毕竟这是我的咒语。"

苏菲刚想开口表示赞成,苍穹里突然有一颗星星松动,拖着白色的尾巴划过天际。"那儿有一颗!"苏菲尖叫。

迈克尔一脚踩进靴子里开始追赶。苏菲拄着拐杖紧随其后。嗖！噗的一声,星星远远地掉进雾气弥漫、波光粼粼的空旷沼泽地。苏菲将拐杖戳进地里,让自己保持平衡。

迈克尔黑黑的靴子就在她旁边,狂奔时哗哗的脚步声就在她前面。

那就是一颗流星。苏菲已经看见了。在迈克尔移动的影子前面不远,一颗小小的、白色火焰般的东西正在下坠,明亮耀眼,它开始减速了,看样子迈克尔能抓到。

苏菲把脚从靴子里拔出来。"快点,拐杖！"她呼喊着,"带我过去！"她蹒跚着全速前进,跳过草丛,跨过水塘,视线一直没有离开那道小白光。

她终于赶上了,迈克尔正轻手轻脚地朝星星走去,展开双臂准备捕捉。苏菲看着他在星光下的剪影。星星在他手边游走,只有一步之遥。它居然紧张地转过来看了他一眼！真奇怪！苏菲想。它发出一束光,迈克尔周围的草地和漆黑的池塘被一圈白色光环围绕。星星用大大的、充满焦虑的眼睛往后瞥了一眼迈克尔。它还有一张小小的、尖尖的脸。

苏菲让它吓了一跳。它左摇右晃地俯冲下来,用尖尖的嗓音噼里啪啦地说:"怎么回事？你们要干吗？"

苏菲很想告诉迈克尔停下来——星星吓坏了！可是她喘不过气,一句话也说不出来。

"我想抓住你。"迈克尔解释道,"可我不会伤害你的。"

"不！不！"星星绝望地呐喊,"不能这样！我应该死掉！"

"如果你让我抓住，我会救你的。"迈克尔温和地对它说。

"不！"星星大叫，"我情愿去死！"它猛地下坠，从迈克尔的指尖溜走了。迈克尔扑过去，可来不及了。它飞进最近的水塘里，漆黑的水面瞬间溅起一道白光，接着是一个微弱的、逐渐湮灭的咝咝声。苏菲蹒跚着走过去，迈克尔站在那里，看着黑暗的水面下一个小圆点发出最后一束光，然后慢慢消失。

"真可怜。"苏菲说。

迈克尔叹了口气："是啊，感觉就像它把我的心也带走了。我们回家吧。我已经被这个咒语烦透了。"

他们花了二十分钟找靴子。苏菲心想，能找齐了可真是奇迹。

"你知道的，"当他们垂头丧气地穿过泊特港大街的时候，迈克尔说，"我想我永远做不出这个咒语，对我来说太难了，我得请教哈尔。我讨厌放弃，可他已经赢得了莱蒂·海特的心，我应该恢复理智了。"

听了这话，苏菲一点儿都高兴不起来。

第十章

卡西法承诺给苏菲暗示

哈尔一定是在苏菲和迈克尔外出的时候回来的。苏菲正在卡西法身上做早餐,他从浴室里出来,优雅地坐在椅子上。他已经洗漱完毕,看起来容光焕发,身上散发出忍冬花的味道。

"亲爱的苏菲,"他说,"你总是闲不住。昨晚又干了不少活儿吧?听不进我的话吗?为什么你要用我最好的衣服来玩拼图游戏呢?我只是好心过问一下,你懂的。"

"那天你用黏液把它毁了。"苏菲说,"我在旧物利用。"

"我自己来就行了。"哈尔说,"你已经见识过了。如果你把尺码给我,我还可以给你量身打造一双千里飞靴,也许棕色小牛皮最实用。真是想不通,有人能一步走出十里半,却还一直踩在奶牛粪上。"

"也许是公牛粪。"苏菲说,"我猜你还在上面看到了沼泽地里的泥巴。我这个年纪的人要活动一下筋骨。"

"那你可真是个大忙人。"哈尔说,"因为昨天我偶然把视线从莱蒂可爱的脸上移开时,我发誓我看到你的长鼻子从墙角伸出来了。"

"费尔法克斯太太是我家的一个朋友。"苏菲说,"我怎么知道你也在那儿?"

"你有种直觉,苏菲,一定是这样。"哈尔说,"到哪儿都甩不掉你。假如我追求一个住在大海中央冰山上的女孩,迟早——也许很快——我一抬头就会看到你骑着扫帚飞过来。说真的,要是没看到你,我说不定还会很失望。"

"你今天要去冰山吗?"苏菲嘲讽地说,"从莱蒂昨天的表情看来,那儿没什么让你好留恋的了吧?"

"你误会我了,苏菲。"哈尔说,听上去他似乎是被深深地伤害了。苏菲半信半疑地从侧面看了一眼。越过哈尔耳朵上摇晃的红宝石,他的侧脸看起来忧郁而高贵。"离开莱蒂是很多年之后的事了。"他说,"其实今天我是要去见国王。满意了吗,鼻子太太?"

虽然苏菲不会把他的话全部当真,但门把手的确转到了金斯伯里的红色。早餐之后,迈克尔正准备向他请教那个难解的咒语,哈尔挥手让他退下,然后准备出发。迈克尔无所事事,便也离开了。他说可能会再去一趟塞萨利。

苏菲独自一人。她仍然不相信哈尔说的关于莱蒂的话是真的,但她之前误会过他,毕竟她只能听迈克尔和卡西法的一面之词。她把所有的蓝色小三角形布料都收集到一起,带着负罪感把它们重新缝回剪得像一张银色渔网的外套上。突然有人敲门,她吓了一跳,以为稻草人又来了。

"泊特港的门。"卡西法对她闪烁着紫色的微笑。

那就没事。苏菲蹒跚着去开门,蓝色朝下。门外有一匹拉车的马。一个五十岁上下的年轻人牵着它,想问问女巫太太有没有什么东西能阻止它一直踢掉马掌。

"我去看看。"苏菲说。她蹒跚着走到炉膛,"我该怎么办?"她小声问。

"黄色粉末,第二个架子上的第四个罐子。"卡西法悄悄回答,"那些咒语主要靠信念。你给他的时候,千万别表现出犹豫的样子。"

苏菲学着迈克尔的样子把黄色粉末倒进一张方形纸片,然后灵巧地包起来,拿着它蹒跚地走到门口。"给你,我的孩子。"她说,"这会让马掌牢牢地粘在上面,比一百个钉子还管用。听到了吗,马儿?你明年都不需要铁匠了。一共一个便士,谢谢。"

今天可真忙啊。苏菲不得不放下针线活儿去卖咒语。她在卡西法的帮助下卖出了一个通下水道的咒语、一个找山羊的咒语和一个酿好啤酒的咒语。只有一名顾客让她头疼。他用力敲着金斯伯里的门,苏菲打开红色朝下的门,外面站着一名衣着华贵的男孩。他比迈克尔大不了多少,脸色苍白,汗流浃背,不停地搓着双手。

"魔法师夫人,求求你了!"他说,"我明天一早有一场决斗。给我一个保证我能赢的东西吧,钱要多少有多少!"

苏菲转头去看卡西法。卡西法做了个鬼脸,表示那种东西可没有现成的。"那样做是不对的。"苏菲严肃地对男孩说,"决斗是个错误。"

"那就随便给我点什么,让我有点儿赢的机会。"小伙子绝望地说。

苏菲看着他。他个子小小的,显然十分害怕。他带着那种一事无成的人脸上才有的没有希望的表情。"我来想想办法。"苏菲说。她蹒跚地走到架子旁,浏览上面的罐子。一个红色的,上面标注着"辣椒"的罐子看上去最靠谱,苏菲倒了一大堆粉末在方形纸片上。她站在骷髅头旁边喃喃自语:"因为你一定懂得比我多。"年轻人焦急地靠在门外看着她。苏菲拿起一把刀,神秘兮兮地把刀放到辣椒粉里。"你会有一场公平的决斗。"她咕哝道,"一场公平的决斗,明白吗?"她把纸包起来,颤颤巍巍地走回门口。"决斗一开始,就把它撒到空中。"她告诉那个小个子年轻人,"这会给你和另外一个男人同等的机会。在这之后,输赢就取决于你自己了。"

小个子年轻人感激不尽,给了她一个金币。苏菲拒绝了,于是他付了两便士,兴高采烈地吹着口哨离开了。"我觉得这简直是在骗人。"苏菲一边说一边把钱放在炉膛的石头下面,"但我真希望决斗的时候能在现场!"

"我也是!"卡西法噼里啪啦地说,"什么时候你才能让我脱身,让我也见识一下那种场面?"

"那要等我得到关于契约的线索。"苏菲说。

"今天晚些时候你也许就能知道了。"卡西法说。

快天黑的时候,迈克尔进门了。他急忙环视了一圈,生怕哈尔比他先回家。他走到工作台,把东西拿出来,一边愉快地哼着歌,一边装出一直在忙活的样子。

"我真羡慕你能轻轻松松走那么远的路。"苏菲一边说,一边把蓝色三角形缝在银色的破网上,"玛——我的侄女还好吗?"

迈克尔高高兴兴地离开工作台,坐在炉边的凳子上告诉她今天的见闻。然后他又问起苏菲,以至于哈尔拿着满手的包裹,用肩膀推开门的时候,迈克尔看起来一点儿都不忙。他听到决斗咒语,在凳子上笑得前仰后合。

哈尔走回去关上门,哀怨地说:"看看你们俩!我马上就要大祸临头了。为了你们,我辛辛苦苦忙活了一整天,结果没有一个人,甚至连卡西法都没空和我打声招呼。"

迈克尔内疚地站起来,卡西法却说:"我从来不和人打招呼。"

"出什么事了?"苏菲问。

"这还差不多。"哈尔说,"终于有人假装注意到我了。谢谢你的关心,苏菲。是的,要出大事了。国王正式任命我去帮他找弟弟,还强烈示意我顺便把荒野女巫也除掉,而你们就知道坐在这里笑!"

现在的哈尔随时都可能进入制造绿色黏液的状态,苏菲连忙把针线活放到一边。"我去做点热奶油吐司。"她说。

"这就是你大难临头时的反应吗?"哈尔问,"做吐司!别,别站起来。我好不容易带了一大堆东西给你,出于礼貌,至少你应该表现出感兴趣的样子吧。拿着。"他把好几个包裹堆到苏菲腿上,然后又拿了另一个给迈克尔。

苏菲迷惑不解地打开包裹：好几双真丝长筒袜；两包最上等的细亚麻衬裙，还装饰着荷叶边、蕾丝和绸缎镶边；一双侧面带松紧的鸽子灰绒面革靴子；一条蕾丝披肩；灰色水波纹丝绸裙子，同样装饰着蕾丝，和披肩是配套的。苏菲用专业的眼光审视着每一件东西，连声惊叹。仅仅是蕾丝就价格不菲，她轻轻抚摸着裙子的丝绸，充满敬畏。

迈克尔则得到了一件崭新的漂亮天鹅绒外套。"你一定把那个丝绸钱袋里的每一个子儿都花光了！"他毫不领情地说，"我不需要这个，只有你才需要新衣服。"

哈尔用自己的靴子钩起破烂的银蓝色外套，郁闷地把它拿起来。苏菲虽然尽力修补，但上面仍然有很多洞。"我是多么无私啊。"他说，"但我可不能让你和苏菲穿得破破烂烂地去向国王诋毁我的名声。国王会以为我没有善待我的母亲。对吧，苏菲？靴子合脚吗？"

苏菲抬起头，她回过神来。"你是在发善心，"她说，"还是在当胆小鬼？非常感谢你的好意，但我不会去的。"

"真是不知好歹！"哈尔张开双臂大声呼喊，"要不再来一次绿色黏液吧！之后我就不得不把城堡移到千里之外，再也见不到我可爱的莱蒂了！"

迈克尔用哀求的目光看着苏菲，苏菲怒目而视。她很清楚，两个妹妹的幸福都取决于她去不去见国王，何况还有绿色黏液。"你还没请求我呢。"她说，"你只是说我会去。"

哈尔微微一笑："那么你会去的，是吗？"

"好吧。你想什么时候让我去？"苏菲说。

"明天下午。"哈尔说,"迈克尔可以当你的随从。国王很期待见到你。"他坐在凳子上,严肃而详细地告诉苏菲她该怎么说。苏菲注意到,一旦遂了他的意,哈尔就没有制造绿色黏液的情绪了,她真想扇他一巴掌。"你得把握好分寸。"哈尔解释,"如此一来,国王会继续让我做运输咒语,但不会信任我去做找他弟弟这种事。你必须告诉他,我激怒了荒野女巫,而我又是你的宝贝儿子。你得想办法让他明白我其实很没用。"

哈尔解释得非常详细。苏菲把包裹环抱在手里,努力记住所有的话,但她还是忍不住想,假如自己是国王,是听不懂老太婆在说些什么的。

与此同时,迈克尔在哈尔身边走来走去,想请教他那个难解的咒语。哈尔却一直在想有什么新的细节需要告诉国王,挥手让他走开。"现在不行,迈克尔。在我看来,苏菲,你可能需要练习一下,免得进了皇宫不适应。我们可不希望你中途出丑。还不行,迈克尔,我会安排你去拜访我以前的导师,彭斯特梦夫人。她非常尊贵,某种意义上来说,比国王还尊贵。这样你去皇宫的时候就不会怯场了。"

这时苏菲真希望自己没有答应这个差事。哈尔终于转向了迈克尔,她如释重负。

"好了,迈克尔,现在轮到你了,怎么了?"

迈克尔挥舞着闪光的灰色纸片,在心情沮丧的情况下,快速地解释这个咒语是不可能完成的。

听了这话,哈尔看上去有些震惊,但他还是接过纸片:"好吧,你的问题在哪儿?"他展开纸张,盯着它看了一会儿,挑起一只眉毛。

"我把它当成谜语,试着按照上面写的去做。"迈克尔解释,"可是我和苏菲抓不住流星——"

"我的天!"哈尔惊呼,他大笑起来,然后咬住嘴唇让自己停下来,"可是迈克尔,这不是我留给你的咒语。你在哪儿找到它的?"

"工作台上,苏菲放在骷髅头周围的那堆东西里。"迈克尔说,"只有这一个新咒语,所以我以为——"

哈尔跳起来摆弄工作台上的东西。"苏菲又闯祸了。"他说,他在那堆东西里翻来覆去地寻找,"我就知道!没了,正确的咒语不见了。"他若有所思地在棕色骷髅头锃亮的天灵盖上敲了敲:"是你干的吗,朋友?我知道你是从那里来的,我敢肯定吉他也是。呃——亲爱的苏菲——"

"怎么?"苏菲说。

"闲不住的老傻瓜,没规矩的苏菲。[1]"哈尔说,"我说对了吗?你把门把手转到黑色朝下,而且把你的长鼻子伸进去了?"

"只是我的手指。"苏菲镇定地说。

"但你开了门。"哈尔说,"迈克尔以为是咒语的东西就是从那儿来的。你们俩都没看出来这和平时的咒语完全不同吗?"

"咒语总是各不相同。"迈克尔说,"这到底是什么?"

哈尔从鼻子里轻笑一声。"'寻找它的答案,再写下你自己的篇章',啊,上帝!"他说完跑上楼梯,"我拿给你们看。"

---

1 此处原文为 Busy old fool, unruly Sophie。是哈尔引用英国诗人约翰·邓恩的诗 The Sun Rising 对苏菲进行调侃。原诗的第一句为 Busy old fool, unruly Sun。

他一边喊,一边噔噔噔地上楼。

"我想那晚我们在沼泽地里白忙一场了。"苏菲说。迈克尔闷闷不乐地点点头,苏菲知道他觉得自己犯傻了。"都是我的错,"她说,"我开的门。"

"那扇门后是什么?"迈克尔感兴趣地问。

可是哈尔正好下楼了。"我还是没找到那本书。"他说,看起来有些沮丧,"迈克尔,你是说你们出去捉流星了吗?"

"是的,可是它吓呆了,落到一个池塘里沉了下去。"迈克尔说。

"谢天谢地。"哈尔说。

"那很遗憾。"苏菲说。

"遗憾,是吗?"哈尔说,他比之前更沮丧了,"是你出的馊主意吧?我说对了吗?肯定是这样!我都能想象出你在沼泽地里跳来跳去地怂恿他!让我告诉你吧,那是他这辈子做过的最蠢的事。假如他真的抓住了那玩意儿,那就不止是遗憾了!还有你——"

卡西法迷迷糊糊地在烟囱里闪了闪光。"什么事大惊小怪的?"他问,"你自己不也抓过一个吗?难道不是吗?"

"没错,可是我——"哈尔发作了,用他玻璃般的眼睛盯着卡西法,可他克制住了,然后转向迈克尔,"迈克尔,向我保证你再也不会去抓星星了。"

"我保证。"迈克尔心甘情愿地说,"可如果不是咒语,那上面写的是什么呢?"

哈尔看着手里灰色的纸:"这叫作'诗歌'——就是这样,

我想。可这个不全,我又记不住后半段了。"他站起身来思索,就像有什么新想法困扰着他,"我觉得下一句非常重要。"他说,"我最好把它带回去看看——"他走到门口,转动门把手让黑色朝下,又迟疑了一会儿。他看着迈克尔和苏菲,他们自然都盯着门把手。"好吧。"他说,"我很清楚,让苏菲留下她会偷偷跟来的,那样对迈克尔不公平。来吧,你们俩一起吧,好歹都在我眼皮子底下。"

他打开通往虚空的大门走了进去。迈克尔急着跟上去,被凳子绊了一跤。苏菲猛地站起来,包裹飞进炉膛里。"别溅上一丁点儿火星!"她急匆匆地对卡西法说。

"那你得发誓会告诉我里面有什么。"卡西法说,"顺便说一句,你已经得到线索了。"

"我得到了吗?"苏菲说。她走得太急了,来不及留意。

第十一章

哈尔去神奇国度寻咒语

原来虚空只有一英寸厚。穿过它,便来到了一个灰蒙蒙的、下着小雨的傍晚。一条水泥小路通往一个花园大门。哈尔和迈克尔在门口等待,门后是条平坦、不起眼的小路,房子并列在两旁。苏菲往来的方向看了一眼,她浑身颤抖,不仅是因为阴雨绵绵,更因为她发现城堡变成了一个拥有黄色砖头和大窗户的房子。就像其他的房子一样方方正正,看起来很新,前门装着水波纹的玻璃。房子附近似乎一个人都没有。也许是下雨的缘故,可苏菲觉得,真正的原因是,虽然有不少房子,但这里已经是偏僻的小镇边缘了。

"你打探够了没有?"哈尔喊道,他灰红色的华丽服饰在小雨里笼上了一层雾气。他掏出一大串奇形怪状的钥匙,大部分是扁扁的黄色钥匙,看样子是和房子配套的。苏菲从小路上走过去。"在这里我们需要换装。"哈尔说。他的华服模糊起来,就像小雨在他周围瞬间形成了迷雾,当一切重新清晰起来的时候，衣服仍然是灰红色的，可样子迥然不同。飘逸的袖子不见了，衣服松松垮垮，看起来又旧又破。

迈克尔的外套变成了齐腰的棉衣。他抬起脚，脚上是一只帆布鞋。他盯着紧紧裹在腿上的蓝色东西。"我都弯不了膝盖了。"他说。

"你会习惯的。"哈尔说，"进来，苏菲。"

出乎苏菲的意料，哈尔领着他们走回通往黄房子的花园小道。她看到哈尔宽松的外套背后写着一行神秘兮兮的字：威尔士橄榄球。迈克尔跟着哈尔，脚上的东西让他走起路来很别扭。

苏菲低头看着自己——关节突出的膝盖上面，皮包骨头的腿比以前多露出了一倍。除此之外，她倒也没有太大变化。

哈尔用其中一把钥匙打开水波纹的玻璃门。门口用铁链挂了一个木头告示牌。"瑞文戴尔。[1]"苏菲念道。哈尔把她推进一个整洁干净的大厅。房子里似乎有人，巨大的声音从最近的一扇门后面传来。哈尔打开门，苏菲才发现那个声音是从一个有魔法的彩色图画上发出的，它在一个巨大的方形盒子前面移动。

"哈威尔！[2]"一个坐在那里织东西的女人喊道。

她放下手里的活儿，看起来有些烦躁。她还没起身，一个托着下巴认真地看魔法图画的小女孩就跳起来扑进哈尔的怀里。"哈威尔舅舅！"她大叫着跳到哈尔身上，用两条腿钩

---

1 瑞文戴尔（Rivendell），出自作者戴安娜·韦恩·琼斯的老师J. R. R. 托尔金的作品《指环王》，是位于中土大陆迷雾山脉中的精灵据点。

2 哈威尔（Howell），这是一个威尔士语名字。事实上，哈威尔·杰肯才是巫师哈尔的本名。

住他。

"玛丽！"哈尔大声回答，"你还好吗，小甜心？有乖乖听话吗？"他和女孩开始大声说起一种外语[1]，速度很快。苏菲看得出来他们俩的关系非同一般。她不知道那是什么语言，听起来就像卡西法傻乎乎的平底锅之歌，但很难确定。在外语对话中，哈尔还有办法像腹语师一样介绍："这是我的外甥女玛丽，这是我姐姐梅根·派瑞。梅根，这是迈克尔·费雪，还有苏菲——呃——"

"海特。"苏菲说。

梅根表情冷淡，不情愿地和他们握了握手。她比哈尔大一些，有和他一样棱角分明的长脸，但眼睛是蓝色的，充满焦虑的神情，头发是深色的。"小声点，玛丽！"她的声音打断了叽里呱啦的交谈，"哈威尔，你要待很久吗？"

"只是顺道来一趟。"哈尔说着，把玛丽放下来。

"格瑞斯还没回来。"梅根另有所指地说。

"真可惜！我们不能久留。"哈尔说，露出一个温暖却虚伪的笑容，"我就是想让你们认识一下我的朋友。我还想问一个听起来有点儿傻的问题，尼尔最近是不是碰巧丢了一页英语作业？"

"奇怪，你怎么会提到这个！"梅根大声说，"他到处都找遍了，上周四！你知道，他换了个新的英语老师。她非常严格，不仅仅是要求拼写，还要求他们按时完成，他们都怕得要

---

[1] 即威尔士语。

命。这对尼尔来说有好处，可恶的小懒虫！星期四那天，他到处找了个遍，结果只找到一张写着奇怪东西的旧纸片——"

"啊，"哈尔说，"他拿那张纸片做了什么？"

"我让他交给安格瑞亚小姐。"梅根说，"至少说明他找过了。"

"他交了吗？"哈尔问道。

"我不清楚。最好问问尼尔，他在楼上的前厅里，捣鼓他的那些机器呢。"梅根说，"但你可别想从他嘴里得到一句正经话。"

"走吧。"哈尔对迈克尔和苏菲说，他们俩正在环视这个辉煌的橙棕色房间。他牵起玛丽的手，带他们穿过房间，走上楼梯。那里铺着粉绿相间的地毯，踩上去不会发出一点儿声音。哈尔带领他们穿过粉绿色通道上楼，进去一个铺着黄蓝色地毯的房间。两个男孩蹲在窗口的大桌子下面，摆弄各种魔法盒子。苏菲知道就算军乐队来了，他们也不会抬头看一眼。最主要的那个魔法盒前面有一块玻璃，就和楼下那个一样，只是上面显示的不是图画，而是文字和表格。所有的盒子都从一条又长又白的茎上长出来的，而根似乎是在房间的墙里。

"尼尔！"哈尔招呼道。

"别吵，"其中一个男孩说，"他会没命的。"

看样子生死攸关。苏菲和迈克尔退回门口，可是哈尔并不在意侄子的死活，大步走到墙边拉出盒子的根。盒子上的画面消失了。苏菲觉得两个男孩说出的脏话恐怕连玛莎都没听过。第二个男孩转过来大叫："玛丽，我会找你算账的！"

"这次可不是因为我！"玛丽也大喊。

尼尔转过来，用责怪的目光盯着哈尔。"你好吗，尼尔？"哈尔愉快地说。

"他是谁？"另一个男孩问。

"我一事无成的舅舅。"尼尔说，生气地瞪着哈尔，他有深色皮肤、浓浓的眉毛、锐利的眼神，"你想要什么？把插头放回去。"

"你就是这样迎接我的！"哈尔说，"我会插回去的，只要你回答几个问题。"

尼尔叹了口气："哈威尔舅舅，我正在打电脑游戏。"

"一个新游戏？"哈尔问。

两个男孩看上去一脸不高兴。"不，是我圣诞节得到的那个。"尼尔说，"你知道他们总是说这种没用的东西既浪费钱，又浪费时间。要到我的生日他们才会给我一个新的。"

"那就好办了。"哈尔说，"如果你玩过，就不会介意停一会儿。作为补偿，我会给你一个新的——"

"真的吗？"两个男孩急切地问。尼尔补充道："你可以给我一个别人都没有的吗？"

"可以。先看看这个，告诉我这是什么。"哈尔说着，把闪光的灰色纸片放在尼尔面前。

两个男孩看了一眼。尼尔说："这是首诗。"——那副口气就像人们说"这是只死老鼠"。

"这是上周安格瑞亚小姐布置的作业。"另一个男孩说，"我记得'风'和'有鳍的'，是关于潜水艇的。"

苏菲和迈克尔听到这个新理论恍然大悟，懊恼自己怎么没想到。尼尔大喊："嘿！这是我丢了好久的作业。你在哪儿找到的？那个奇怪的纸片是你的吧？安格瑞亚小姐说那挺有意思的——算我运气好——然后她把它带回家了。"

"谢谢你。"迈克尔说，"她住在哪儿？"

"菲利普太太茶叶铺上面的公寓，卡迪夫街。"尼尔说，"你什么时候把新游戏卡给我？"

"等你背出剩下的诗歌时。"哈尔说。

"这太不公平了！"尼尔说，"我连一个字都记不起来了。你这是在耍我嘛！"他住了口，哈尔却哈哈大笑起来，从一个宽松的口袋里拿出一个扁平的包裹递给他。"谢了！"尼尔由衷地道谢，立刻转身回去捣鼓他的魔法盒子。哈尔把那些根重新种回墙上。他咧嘴一笑，示意迈克尔和苏菲离开。两个男孩沉溺其中，他们的动作在苏菲看来很是新鲜。玛丽则一边吮吸着大拇指，一边挤在旁边看。

哈尔匆匆走到粉绿相间的楼梯，迈克尔和苏菲却还在房间门口逗留，想看个究竟。尼尔在房间里大声朗读："你是有四个门的魔法城堡，每扇门打开都是另一个空间。在第一个空间，城堡不停移动，随时都会遇到危险……"

苏菲觉得听起来有些耳熟，一面蹒跚着往楼梯走。她看到迈克尔站在半路上一脸尴尬，原来哈尔正在楼梯下面和他姐姐争执。

"你说什么？把我所有的书卖了？"她听见哈尔说，"其中有一本我急着要用。那又不是你的书，你凭什么卖掉！"

"别打岔!"梅根用一种低沉的、凶狠的声音说,"听着!我以前就说过,这里不是你的仓库。你总是让我和格瑞斯蒙羞,就穿着这种东西到处跑,也不买件好点的衣服,看上去体面一点儿。还把三教九流的人都带到家里来!你是想让我和你一样自降身段吗?你受过那么多教育,却连一个正经工作都找不到,到处游手好闲,在学校里的日子都白费了。你辜负了我们对你的付出,浪费了我们的钱。"

梅根和费尔法克斯太太倒有一拼,她声音越来越大。苏菲开始理解哈尔为什么有逃避的习惯,梅根就是让你想从最近的门悄悄溜走的那种人。不幸的是,哈尔后面是楼梯,迈克尔和苏菲把他的路都堵死了。

"……一天都没有踏实工作过,从没找到一个让我骄傲的工作,让我和格瑞斯丢人就算了,还来这里把玛丽宠得无法无天。"梅根毫不留情地说。

苏菲把迈克尔推到一边,咚咚地走下楼梯,尽量做出一副非常庄重的样子。"过来,哈尔,"她严肃地说,"我们必须上路了。我们在这里耽搁这么久,得损失多少钱哪?说不定你的仆人把金盘子都拿去卖了。很高兴见到你。"她走下楼梯对梅根说,"不过我们赶时间,哈尔可是忙得很哪。"

梅根咽了口唾沫,她盯着苏菲。苏菲对她威严地点点头,把哈尔推向水波纹玻璃的前门。苏菲发现迈克尔的脸涨得通红。哈尔转过去问梅根:"我的旧车还在车棚里吗?你也把它卖了吗?"

"仅有的一把钥匙在你手上吧。"梅根没好气地说。

看样子这就算是最后的道别了。前门砰的一声关上,哈尔带他们走过一条漆黑平坦的路,尽头有一栋四四方方的白色楼房。哈尔对梅根闭口不谈。当他打开白色楼房的门时,他说:"我想那个严厉的英语老师一定有那本书。"

苏菲希望自己能忘掉接下来发生的事。他们坐在一个没有马拉的车厢里急速前进,里面气味难闻,又吵闹又摇晃。苏菲从来没见过那么陡峭的山路,车厢猛冲下去——路太陡了,都不知道路两旁那些房子怎么没有滑下去摞在一起。她闭上眼,抓住座位上脱落的碎片,祈祷这一切尽快结束。

所幸,这一切很快就结束了。他们来到一条更平坦的路上,路两旁挤满了房子。旁边有一个大大的窗户,拉着白色的窗帘,上面一个牌子写着:茶铺休息。尽管有这条告示,哈尔按下窗户旁边一个小门的门铃,安格瑞亚小姐居然开了门。

他们都盯着她看。对一名严厉的小学教师来说,安格瑞亚小姐实在太年轻漂亮了。她有蓝黑色的头发、橄榄棕色的心形脸庞和大大的深色眼睛——唯一可以称得上严厉的地方,就是用那双大眼睛看人的时候直接而睿智的目光,似乎能把人看穿。

"让我猜猜、你就是哈威尔·杰肯?"安格瑞亚小姐对哈尔说,她的声音低沉悦耳,语气愉快而肯定。

哈尔愣了一下,然后报以微笑。苏菲想,这下莱蒂和费尔法克斯太太的美梦可就破灭了。安格瑞亚小姐刚好是会让哈尔一见钟情的那种类型。不仅是哈尔,迈克尔也充满爱慕地凝视着她。虽然周围那些房子看上去无人居住,苏菲毫不怀疑,有认识哈尔和安格瑞亚小姐的人正在饶有兴趣地静观事情的发展。她能感觉到那些隐形的眼睛,齐坪镇也是这样的。

"那么你一定是安格瑞亚小姐。"哈尔说,"很抱歉打扰你,我上周犯了一个愚蠢的错误,把我侄子的英语作业带回家了,而不是我的一张重要的纸片。我想尼尔把它交给你了。"

"的确如此。"安格瑞亚小姐说,"你进来拿吧。"

苏菲确信每间房子里的隐形眼睛都睁得大大的,隐形的脖子伸得长长的。哈尔、迈克尔和苏菲依次跨进安格瑞亚小姐的门,爬上高高的楼梯,来到安格瑞亚小姐局促而简陋的客厅。

安格瑞亚小姐体贴地对苏菲说:"您要坐下吗?"

苏菲从没有马匹的车厢出来之后还晕乎乎的。只有两把椅子,她高兴地坐在其中一张上,但坐起来并不舒服。安格瑞亚小姐的房间不是为了舒适而设计的,而是为了做学问。虽然里面有些奇怪的东西,但苏菲认得满墙的书、桌上的纸堆和摞在地上的文件夹。她坐在那里观察,迈克尔害羞地凝视着安格瑞亚小姐,而哈尔则在施展他的魅力。

"你怎么一眼就认出了我是谁呢?"哈尔用魅惑的语气问。

"城里似乎有不少你的流言蜚语。"安格瑞亚小姐一边说,一边忙着在桌子上的纸堆里翻来覆去地找。

"那些爱聊八卦的人说了什么关于我的事?"哈尔问,他忧郁地靠在桌子一端,试图吸引安格瑞亚小姐的目光。

"有一点是说,你总是神龙见首不见尾。"安格瑞亚小姐说。

"还有呢?"哈尔跟随着安格瑞亚小姐,一看到那种眼神,苏菲知道,莱蒂唯一的机会就是安格瑞亚小姐现在立刻爱上哈尔。

可是安格瑞亚小姐不是那种女人。她说："还有很多，但没几件是好事。"她看着迈克尔，迈克尔羞红了脸，又看了看苏菲，仿佛在说的那些事不堪入耳。她找出一张泛黄的毛边纸递给哈尔。"拿去。"她严肃地说，"你知道这是什么吗？"

"当然。"哈尔说。

"那么请告诉我。"安格瑞亚小姐说。

哈尔接过纸片时想趁机抓住安格瑞亚小姐的手。一阵小小的挣扎，安格瑞亚小姐躲开了，她把手放到背后。哈尔微笑着把纸递给迈克尔。"你来告诉她。"他说。

迈克尔一看到纸片，涨红的脸变得发光："这就是那个咒语！哦，我会做这个——这是放大咒，对吗？"

"我也那么想。"安格瑞亚小姐用责备的口气说，"我想知道你打算用这种东西做什么。"

"安格瑞亚小姐，"哈尔说，"如果你听说过所有关于我的事，你一定会知道我的博士论文是关于咒语和咒符的。你在怀疑我使用黑魔法！我向你保证，我这辈子没有施过任何咒语。"听到他明目张胆地撒谎，苏菲实在忍不住，从鼻子里轻轻地哼了一声。"我发誓，"哈尔说着，对苏菲皱了皱眉头，"这个咒语的用途只是学习。这是非常古老罕见的咒语，所以我想把它要回来。"

"好吧，我还给你。"安格瑞亚小姐轻快地说，"你走之前，可以把作业还给我吗？复印可是要花钱的。"

哈尔心甘情愿地拿出灰色纸张，放在她差一点儿就能拿到的地方。"这首诗,"他说,"难住我了。我真傻,真的!——我记不起后半段了。是沃尔特·莱雷写的,对吗?"

安格瑞亚小姐轻蔑地看了他一眼。"当然不是。是约翰·邓恩,这是非常有名的诗。我这里有本书收录了这首,如果你想回忆一下。"

"请帮我找找吧。"哈尔说,他的目光跟随着安格瑞亚小姐,她走到满墙的书面前。苏菲终于意识到为什么哈尔要来他家人居住的这个奇怪地方,这才是他真正的目的。

哈尔存心想要一石二鸟。"安格瑞亚小姐,"他恳求地说,在她找书的时候追随着她玲珑的曲线,"今晚可以和我一起共进晚餐吗?"

安格瑞亚小姐转过身,手里拿着一本大大的书,眼神比之前更严厉。"我不会的。"她说,"杰肯先生,我不清楚你对我了解多少,不过你一定知道,我和本·萨利文先生订婚了——"

"从没听说过他。"哈尔说。

"我的未婚夫,"安格瑞亚小姐说,"几年前他消失了。好了,你希望我为你朗诵这首诗吗?"

"开始吧。"哈尔并不为自己的话感到后悔,"你的声音真好听。"

"我从第二段开始,"安格瑞亚小姐说,"因为你手里已经有第一段了。"她读得非常好,不仅有音乐性,还给第二段增添了韵律感,苏菲本来并不认为它是押韵的。

如果你渴望奇观

看别人不曾见过的风景
请骑上马儿走过一万个日夜
直到岁月让你白发如雪
归来的时候告诉我
你见证过所有的奇迹
却发誓
世上没有任何地方
住着美丽而忠诚的女子

如果你——

哈尔的脸色惨白,苏菲发现他满头大汗。"谢谢你。"他说,"就到这里吧,不用劳烦你读剩下的了。最后一行说,就算是良家女子也不会忠贞不贰,是吗?我记起来了。我真傻。约翰·邓恩,当然。"安格瑞亚小姐放下书凝视着他。他勉强一笑:"我们必须走了。关于晚餐,你真的不会改变主意?"

"我不会的。"安格瑞亚小姐说,"你还好吗,杰肯先生?"

"好得不能再好了。"哈尔说着,一面催促迈克尔和苏菲下楼,进入没有马拉的车厢。如果从哈尔把他们塞进车厢离开的速度看来,房子里的隐身偷窥者一定以为安格瑞亚小姐在拿刀追杀他们。

"怎么回事?"迈克尔问。车厢发出轰鸣,爬坡上坎。苏菲为了保命紧紧地抓住座位,哈尔假装没听见,于是迈克尔等哈尔把车锁到车棚里又问了一遍。

"哦，没什么。"哈尔故作轻松地带头走向叫作"瑞文戴尔"的那栋黄色房子，"荒野女巫在用诅咒追踪我，仅此而已。迟早都要来的。"他打开花园门的时候，似乎在脑子里计算。"一万。"苏菲听见他自言自语，"那么会到仲夏节。[1]"

"仲夏节那天会发生什么？"苏菲问。

"那时候我就满一万天了。"哈尔说，"那就是说，鼻子太太——"他说着大摇大摆地走进瑞文戴尔的花园，"我得在那一天回到荒野女巫身边。"苏菲和迈克尔停下脚步，盯着哈尔的背，上面写着神秘的"威尔士橄榄球"。"如果我远离美人鱼，"他们听见哈尔嘀咕，"不碰曼陀罗的根。"

迈克尔大喊："我们真得回到移动城堡吗？"苏菲也喊道："荒野女巫会做什么？"

"我不敢去想。"哈尔说，"你可以不用回去，迈克尔。"

他打开水波纹的玻璃门，里面是熟悉的城堡房间。天色已晚，卡西法昏昏欲睡的火焰在墙上照射出轻微的蓝绿色。哈尔挽起长长的衣袖，给卡西法添了一根柴火。

"她追来了，蓝脸老家伙。"他说。

"我知道，"卡西法说，"我感应到了。"

---

[1] 仲夏节（Midsummer Day），欧洲传统节日，各个国家的日期不完全相同，大多在六月中下旬的某一天举行庆祝活动。根据英国传说，人们在这一天会有奇遇，可能进入奇幻世界。

第十二章

苏菲成了哈尔的老妈妈

既然现在荒野女巫已经追上门来,苏菲不知道向国王抹黑哈尔还有什么意义。可哈尔声称,这件事对他来说比之前更重要了。"我得想方设法摆脱荒野女巫。"他说,"我不能让国王也开始追捕我。"

第二天下午,苏菲穿上新衣服,虽然有些不方便活动,她感觉还不错。她坐在那里等迈克尔换衣服,等哈尔打扮好从浴室里出来。她一边等,一边告诉卡西法在哈尔家人居住的那个神奇国度的所见所闻,完全把国王的事抛在了脑后。

卡西法听得津津有味。"我早就知道他来自另一个国度。"他说,"可那听上去就像另一个世界。荒野女巫从那个地方发出诅咒可真狡猾,真是防不胜防。我很佩服这个魔法,把真实存在的东西变成一个诅咒。那天你和迈克尔在读的时候我就觉得有些不对劲,傻瓜哈尔告诉她太多自己的事了。"

苏菲看着卡西法瘦瘦的蓝脸。卡西法佩服这个咒语一点儿都不让她感到意外，意外的是他叫哈尔傻瓜。他总是说哈尔的坏话，但她不清楚他是否真的讨厌哈尔。卡西法看起来那么邪恶，这可真有点儿难说。

卡西法转动他的橙色眼睛看着苏菲。"我也怕得很。"他说，"如果荒野女巫抓住了哈尔，我也会跟着一起遭殃。如果到那时你还没破除契约，我就帮不了你了。"

还没等苏菲问个究竟，哈尔已经焕然一新地从浴室里出来，房间里充满了玫瑰的香味，他大声呼喊迈克尔。迈克尔跌跌撞撞地从楼上下来，穿着他那身崭新的蓝色天鹅绒套装。苏菲站起来，拿起她忠诚的拐杖。该出发了。

"你看上去庄重而华贵！"迈克尔对她说。

"这会给我加分。"哈尔说，"除了那根寒酸的旧拐杖。"

"有些人啊，"苏菲说，"凡事都只考虑自己。我需要这根拐杖跟着我，它是我的精神支柱。"

哈尔望了一眼天花板，不过他没有回嘴。

他们庄重地走到金斯伯里的大街上。苏菲自然想转身看看城堡在这里又是什么模样。她看到一个大大的拱形门框围着一扇黑色的小门，城堡剩下的部分就像两栋石头房子之间一堵抹了灰的墙。

"不用问了，"哈尔说，"这就是一个废弃的马厩。走这边。"

他们穿过大街小巷，衣着丝毫不比行人逊色。周围人不多。要往金斯伯里以南走很长一段路，烈日炎炎，人行道上反射着光。苏菲又发现变老的一个坏处：天一热，人就不舒服。

精美的建筑在她眼前晃来晃去。这让她很闹心，因为她想好好看看这个地方，却只能看到金色穹顶和高楼模糊的轮廓。

"对了，"哈尔说，"彭斯特梦夫人会称呼你为彭德拉根太太。彭德拉根是我在这里的名字。"

"为什么？"苏菲说。

"为了伪装。"哈尔说，"彭德拉根这个名字挺不错的，比杰肯好多了。"

"我用个普通名字就挺好的。"苏菲说。他们转弯进入一条狭窄、阴凉的街道。

"总不能叫疯婆子海特吧。"哈尔说。

彭斯特梦夫人的房子高大优雅，临近那条窄路的尽头。气派的前门两边摆放着盆栽的橘子树。一名身着黑天鹅绒制服的年迈男仆打开门，领他们进入一个铺着黑白格大理石的大厅，里面凉幽幽的。迈克尔偷偷擦掉脸上的汗，哈尔似乎从来不觉得热，像个老朋友一样和年迈的男仆打趣。

男仆把他们交给一个穿着红色天鹅绒制服的小厮。那个男孩领着他们充满仪式感地踏上抛了光的台阶，苏菲开始明白为什么说这是在见国王之前一个很好的练习。她感到自己仿佛已经置身皇宫。当男孩将他们引入一个幽暗的会客厅时，她确定就算是皇宫也没有这么雅致。房间里只有蓝色、金色和白色，每件东西都小巧精致。而彭斯特梦夫人是最精致的一个，她高挑苗条，笔直地坐在一张蓝金色刺绣椅子上。她手上戴着金色网眼手套，一只手握着顶上镶金的手杖支撑着自己。她穿着硬挺、复古的浅金色丝绸裙，头上戴着浅金色头饰，在她瘦削的鹰脸下面系着一枚浅金色的蝴蝶结。她真算得上是苏菲见过的最华贵又最令人生畏的人。

"啊,我亲爱的哈威尔。"她说着伸出戴着金色网眼手套的手。

哈尔弯下腰亲吻手套,显然这是他该做的。他动作优雅,但从后面看就是另外一回事。他拼命对迈克尔挥手,迈克尔反应有点儿迟钝,这才意识到自己应该站在门口的小厮旁边。他忙不迭地退回去,希望自己离彭斯特梦夫人越远越好。

"彭斯特梦夫人,请允许我向您介绍我的母亲。"哈尔说着对苏菲招手。苏菲的感受和迈克尔一样,哈尔不得不朝她使劲挥手。

"非常荣幸。"彭斯特梦夫人说,对苏菲伸出金色网眼手套。苏菲不确定彭斯特梦夫人是否也让自己亲吻手套,但她不敢造次,于是把自己的手搭在手套上。她感到下面的手像一只又老又冰冷的爪子,苏菲很惊讶彭斯特梦夫人还是个活人。"请原谅我不能起身。"彭斯特梦夫人说,"我身体欠佳,三年前被迫退休,没有带学生了。两位请坐。"

苏菲庄重地坐在彭斯特梦夫人对面的刺绣椅上,尽量控制自己不要哆嗦。她也用拐杖支撑着自己,希望自己像彭斯特梦夫人一样端庄。

哈尔优雅地坐在旁边的椅子上。苏菲很羡慕他能像在家里一样自在。

"我八十六岁了。"彭斯特梦夫人说,"您高寿,亲爱的彭德拉根太太?"

"九十。"苏菲说,这是她脑子里第一个蹦出来的数字。

"这么大年纪了?"彭斯特梦夫人不禁流露出一丝羡慕,"你命可真好,岁数这么大了腿脚还这么灵便。"

"哦,是的,她非常利索。"哈尔表示同意,"有时候根本闲不下来。"

彭斯特梦夫人看了哈尔一眼。苏菲立刻就知道她是个和安格瑞亚小姐一样严厉的老师。"我在和你母亲说话。"她说,"我相信她和我一样为你感到骄傲。我们两个老人家一起塑造了你。换句话说,你是我们俩共同的杰作。"

"难道你不觉得我也很争气吗?"哈尔问,"就没有一点儿我自己的努力?"

"有一点儿,但那些都是我不赞同的。"彭斯特梦夫人回答,"你不想坐在这里听我们谈论你吧。你可以下楼去露台上坐坐,带上你的随从。赫奇会拿冷饮给你们,去吧。"

要不是苏菲太紧张,她看到哈尔脸上的表情一定会哈哈大笑。哈尔显然没有料到有这一出,可他还是站起来耸耸肩,暗暗对苏菲做出警告的表情。他叫上迈克尔,带头走出了房间。彭斯特梦夫人微微转动僵硬的身体,目送他们离开。她又对小厮点点头,他也迅速地退出了房间。她这才重新转向苏菲,苏菲比之前更紧张了。

"我喜欢他黑头发的样子。"彭斯特梦夫人说,"这孩子就要学坏了。"

"谁?迈克尔吗?"苏菲没反应过来。

"不是他那个跟班。"彭斯特梦夫人说,"我不觉得他有什么聪明才智能引起我的注意。我是说哈威尔,彭德拉根太太。"

"哦。"苏菲应道。她不知道为什么彭斯特梦夫人说"就要学坏了",显然哈尔很久之前就学坏了。

"从外表就看出来了。"彭斯特梦夫人说,"看看他穿了些什么。"

"他一直很注重形象。"苏菲表示赞同,她不知道自己怎么说得那么温和。

"一贯如此。我也很注重自己形象,这没什么坏处。"彭斯特梦夫人说,"可这也不至于要穿着一件施过咒语的衣服到处跑吧?这是吸引咒,专门针对女孩子的——我得承认,干得不错,就连我这双专业的眼睛也很难发现。它似乎是被缝在衣服的缝隙里的——这个咒语让女孩对他毫无抵抗力。这说明他是在走下坡路,使用黑魔法无疑会让做母亲的担心,彭德拉根太太。"

苏菲不安地想到那件灰红色的外套。她缝衣服的时候没发现什么异样。可在彭斯特梦夫人这样的魔法专家面前,苏菲充其量不过是个缝衣服的行家罢了。

彭斯特梦夫人把双手挂在自己拐杖上方,僵直的身体往前倾,用直指人心的目光盯着苏菲的眼睛。苏菲越来越紧张不安。"我日子不多了,"彭斯特梦夫人说,"我感到死亡离我越来越近了。"

"哦,我相信不会的。"苏菲尽量用安慰的口气说。可在彭斯特梦夫人的目光下,听起来不是那么回事。

"我保证这是真的。"彭斯特梦夫人说,"所以我急着见到你,彭德拉根太太。你知道,哈威尔是我最后一个,也是最优秀的学生。他从异国到我这里来的时候,我就快退休了。我本以为教完本杰明·萨利文就圆满完成任务了——你们更熟悉的名字可能是巫师苏里曼,愿他安息!——我还推荐他担任皇家巫师。巧的是,他和哈威尔来自同一个国度。然后哈威尔来了,我一眼就看出他有双倍的想象力和双倍的能力,诚然,他性格上有些小缺点,但我知道他会有出息的,很大的出息,彭德拉根太太。可现在他是什么样子?"

"到底怎么回事呢?"苏菲问。

"他遇上了什么事,"彭斯特梦夫人说,她仍然用锐利的目光盯着苏菲,"我一定要在死之前解决这件事。"

"你认为会是什么事呢?"苏菲不安地问。

"这得由你来告诉我。"彭斯特梦夫人说,"我感觉他和荒野女巫走上同一条路了。有人告诉我她并不邪恶——我听到传言,她比我们俩都年长,可她用魔法让青春永驻。哈尔也有同样的天赋。可那些天赋似乎没有用在正道上,而是在耍小聪明,这是很危险的,会造成致命的伤害和邪恶的堕落。你是否有一些头绪呢?可能会是什么原因呢?"

卡西法的声音在苏菲脑海里回响。他说过:"长远来说,契约对你我都没好处。"虽然暑气从遮光的雅致房间窗户外面吹进来,苏菲还是有些不寒而栗。"是的。"她说,"他和火魔签订了某种契约。"

彭斯特梦夫人的手微微摇了摇拐杖:"这就是了。你必须破除这个契约,彭德拉根太太。"

"我当然会的，如果我知道方法的话。"苏菲说。

"你的母性和强大的魔法天赋会告诉你该怎么做。"彭斯特梦夫人说，"我一直在观察你，彭德拉根太太，你可能还没发现——"

"哦，我发现了，彭斯特梦夫人。"苏菲说。

"——我欣赏你的天赋。"彭斯特梦夫人说，"能赋予东西生命，就像你手里的那根拐杖，你一定和它说过话，说得门外汉见了都会以为那是一根魔杖。我觉得破除契约对你来说并非难事。"

"是的，可我需要知道契约到底是什么。"苏菲说，"哈尔对您说过我是一名巫师吗？因为如果他提过——"

"他并没有。用不着谦虚，你可以相信我在这种事上的经验。"彭斯特梦夫人说。她闭上眼睛，这让苏菲松了口气，就像关掉了一盏刺眼的灯。"我不知道，也不想知道契约的事。"彭斯特梦夫人说。她的手杖又开始摇晃，就像她在颤抖。她的嘴唇抿成一条缝，就像不小心咬到了胡椒。"现在我终于明白了，"她说，"荒野女巫身上发生了什么。她和火魔做了个交易，多年以后，火魔控制了她。魔鬼是不分善恶的，但他们可以被有价值的东西收买，一些人类才有的东西。这延长了人类和魔鬼双方的寿命，人类会得到魔鬼的法力加持。"彭斯特梦夫人重新睁开眼睛。"在这件事上，我只能说这么多。"她说，"我给你的建议是，找出魔鬼得到了什么。现在我必须和你道别了，我需要休息片刻。"

门就像被施了魔法一样打开了，也可能就是魔法，小厮进来带苏菲走出房间。苏菲求之不得,她早就坐立不安了。大门关上的时候,她回头看了一眼彭斯特梦夫人挺直的身板,想象自己要真是哈尔的母亲,彭斯特梦夫人是否还会让她这么不自在。苏菲认为还是会这样。"我要向哈尔脱帽致敬,居然能忍受她当老师超过一天!"她喃喃自语。

"夫人?"小厮问,以为苏菲在和自己说话。

"我是说,下楼慢点走,我要跟不上了。"苏菲对他说,她的膝盖打战,"你们这些年轻人走路风风火火的。"

小厮缓慢而体贴地扶着她走下光亮的楼梯。半路上,苏菲终于回过神来,思考彭斯特梦夫人的话。她说苏菲是个女巫。奇怪的是,苏菲没有丝毫怀疑就全盘接受了。她想,这解释了为什么有的帽子会流行起来,解释了为什么简·法瑞尔能邂逅伯爵,还可能解释了荒野女巫的嫉妒。苏菲似乎一直以来都知道,但她觉得自己作为三姐妹里的老大,不应该拥有魔法天赋,莱蒂在这方面要有悟性得多。

当她想到那件灰红色的外套,吓得差点摔下楼。她才是施吸引咒的那个人。她都能回忆起自己是怎样对它低语:"去吸引女孩子吧!"她对它这么说,它当然照办了。那天在果园里,它迷住了莱蒂。昨天,虽然乔装过,但它一定也对安格瑞亚小姐隐隐起了作用。

哦,天啊!苏菲想。如此一来,被他伤过的心会翻倍!无论如何,我得把那件衣服从他身上扒下来。

哈尔穿着那件衣服和迈克尔一起在凉爽的黑白格大厅等待。苏菲和小厮一起慢慢下楼,迈克尔见状有些担忧地碰了一下哈尔。

哈尔神色黯然。"你看起来累坏了。"他说,"我想最好别去见国王了。我自己去抹黑自己吧。我会帮你找个借口,就说是我把你气病了。从你的样子看来,还真像那么回事。"

苏菲当然不想去见国王,可她想起了卡西法的话。卡西法说,如果国王命令哈尔去荒野,导致他被荒野女巫抓住,苏菲重返青春的希望也就落空了。

她摇摇头。"见过了彭斯特梦夫人,"她说,"英格里国王不过就是个凡夫俗子罢了。"

第十三章

苏菲诽谤了哈尔的名声

苏菲来到皇宫,可能是因为金色的穹顶明晃晃的,她感到眼冒金星。大门前的楼梯高耸入云,每隔六个台阶就站着一名身着鲜红色制服的士兵。苏菲头昏眼花,那些可怜的男孩一定都快中暑了,她一边想,一边气喘吁吁地从他们身边经过。

最高的台阶上有拱门、门厅、走廊、大堂,一个连着一个,苏菲数也数不清。每到一个拱门,就有一个衣着华丽、戴着白手套的人——天知道这么热,手套怎么还那么白——询问他们有何贵干,然后把他们引领到下一个拱门的人那里。

"彭德拉根太太参见国王。"每经过一处,声音就在门厅里回响一次。

哈尔在半路上被礼貌地拦下,让他原地等候,迈克尔和苏菲在一个又一个人的引领下上了楼。楼上的人穿着蓝色而不是红色的华丽制服。又经过好几个人的接引,他们终于来到一个接待室,里面镶嵌着上百个彩色木片。迈克尔也被告知留在那里等。苏菲不禁有些怀疑自己是在一个奇怪的梦境里。她被带进一个巨大的双开门后面,这一次,她听见回声说:"陛下,彭德拉根太太前来参见。"

那就是国王。他并没有坐在王座上,而是坐在大厅中央一个装饰着金叶子的方形椅子上。他的穿着比仆人还低调,看上去形单影只,和普通人没什么两样。他有些胖胖的,勉强算得上英俊,像国王那样伸出一条腿来。对苏菲来说,他太年轻了,而且流露出一丝国王的傲慢。她觉得从他的脸来看,他应该对自己没那么自我感觉良好才是。

他问:"巫师哈尔的母亲为何想来见我?"

苏菲意识到自己正在和国王对话,突然变得不知所措。她晕乎乎地想,椅子上的那个男人和显要权贵似乎是两码事,只不过凑巧坐在了同一把椅子上而已。她把哈尔告诉她的那些精心设计的话术忘得一干二净,但她总得说点什么。

"国王陛下,"她说,"他让我来告诉你,他是不会去帮你找弟弟的。"

她和国王大眼瞪小眼,尴尬极了。

"你说的是真的吗?"国王问,"我派他去的时候,他似乎很乐意。"

苏菲脑子里唯一记得的事就是要诋毁哈尔的名声,于是她说:"他在撒谎,因为他不想得罪你。他是个逃避大王,相信您明白我的意思,国王陛下。"

"他不想去找我的弟弟贾斯汀。"国王说,"我明白了。你年纪大了,坐下吧,告诉我巫师为什么要这么做。"

离国王很远的地方有一张平平无奇的椅子，嘎吱一声，苏菲坐了上去，学着彭斯特梦夫人的样子把双手拄在拐杖上面，希望这样看起来庄重一点儿。但是由于怯场，她的脑子一片空白，只能想到一句"只有懦夫才会让自己的老母亲来帮着求情。从这一点你就能看出来他是哪种人，国王陛下"。

"这种情况的确很罕见。"国王庄严地说，"可是我说过，如果他答应，我会重重有赏的。"

"哦，对他来说钱都是小事。"苏菲说，"你知道，他对荒野女巫怕得要命。她对他下了诅咒，很快就要追踪到他了。"

"这么说，他感到害怕也情有可原。"国王轻轻颤抖着，"请再告诉我一些关于巫师的事。"

关于哈尔的事？苏菲绞尽脑汁。我可是来诋毁他的名声的！她的大脑一片空白，一瞬间她甚至觉得哈尔无可挑剔。真是太蠢了！"这个嘛，他善变、粗心、自私，甚至歇斯底里。"她说，"有时候我觉得他只想独善其身，不顾别人的死活。可是我又发现他对有的人特别好。也许他只在某些情况下才会发善心——我发现他少收穷人的钱。我也说不上来，国王陛下。他这个人自相矛盾。"

"我的印象里，"国王说，"哈尔是个没有原则、油嘴滑舌、头脑灵活的人。你觉得对吗？"

"您说得太对了！"苏菲发自内心地说，"可还有一点儿您没说到，他爱慕虚荣，而且——"

她怀疑地看着地毯另一边的国王，他就像在配合自己诋毁哈尔。

国王微笑着,带着一丝不确定,那种笑容更像来自他这个人,而不是国王应有的表情。"感谢你,彭德拉根太太。"他说,"你的坦率让我如释重负。巫师当时一口就答应了要去寻找我弟弟,一度让我以为自己选错了人。我就怕他好大喜功或者见钱眼开。可是你让我明白,他正是我要找的人。"

"哦,怎么会这样!"苏菲大喊,"他让我来告诉你,他不是合适的人选!"

"你的确这么做了。"国王把椅子往苏菲面前挪了一英寸,"现在就让我直说吧,"他说,"彭德拉根太太,我迫切地希望我的弟弟能回来。不仅是因为我很爱他,更是对我们的争吵感到后悔。有传言说是我亲手把他除掉了——任何认识我们的人都知道这是一派胡言。不,不是那样的,彭德拉根太太。事实上,我的弟弟贾斯汀是一名出色的将军,而上诺兰国和怪奇吉亚王国马上就要对我们宣战,没有他,我一个人应付不了。你知道,荒野女巫也威胁过我。现在所有的情报都表明,贾斯汀的确去了荒野。我敢肯定,荒野女巫一定是想让我在最需要他的时候找不到他。我认为她是用巫师苏里曼作为诱饵来让贾斯汀上钩的。所以我需要一名聪明过人又不顾廉耻的巫师去把他带回来。"

"哈尔只会逃跑。"苏菲警告国王。

"不,"国王说,"我不这么认为。他不顾我对他的看法,让你来告诉我,他完全就是个懦夫,对吗,彭德拉根太太?"

苏菲点点头。她希望自己回想起哈尔教他的那些精心设计的话术,就算她不理解,国王也会理解的。

"这可不是一个爱慕虚荣的人做的事。"国王说,"不过没人会这么做,除了孤注一掷。要是我明确地告诉他,他的孤注一掷失败了,他会照办的。"

"我觉得您有点儿……一厢情愿,陛下。"苏菲说。

"我不这么认为。"国王微微一笑,有些模糊的相貌清晰起来,他毫不怀疑自己是对的,"告诉巫师哈尔,彭德拉根太太,从现在起,我正式任命他为皇家巫师,我的谕旨是今年之内找到贾斯汀王子,无论是死是活。你可以退下了。"

他像彭斯特梦夫人一样对苏菲伸出一只手,只是稍微随意一点儿。苏菲站起来,犹豫着该不该去亲吻他的手。不过她更想用拐杖敲他的脑袋,因此她只是握了握国王的手,又行了一个屈膝礼,关节嘎吱作响。这么做也许是合乎礼节的。当她蹒跚地朝双开大门走去时,国王对她友好地笑了笑。

"哦,天啊!"她自言自语。这可不是哈尔想要的结果。哈尔会把城堡搬到千里之外。莱蒂、玛莎和迈克尔会伤心欲绝,更不用说到处流淌的绿色黏液了。"作为老大,"她一边推开沉重的大门,一边喃喃地说,"你就是成不了事!"

又有一件事出了岔子。苏菲心烦意乱,失望透顶,不知怎的走进了另一扇双开门。这间接待室里镶满了镜子。她看见自己穿着上等的灰色裙子却佝偻而蹒跚的模样。里面有许多穿着蓝色宫廷服的人,还有些打扮和哈尔一样精致的人,可并没有迈克尔。迈克尔自然还等在那间镶嵌着上百片彩色木片的接待室里。

"哦,该死!"苏菲说。

一名大臣快步朝她走来，鞠了一躬："巫师夫人！有什么可以效劳吗？"

他是个小个子年轻人，眼睛红红的。苏菲盯着他看了一会儿。"哦，天啊！"她说，"这么说咒语起作用了！"

"的确如此。"小个子大臣有些懊恼地说，"当他打喷嚏的时候，我趁机卸下了他的武装，他现在还在起诉我。不过重点是——"他的脸笑开了花——"亲爱的简又重回我的怀抱了！我该怎么答谢您呢？让您快乐是我应尽的责任。"

"彼此彼此。"苏菲说，"难道你就是凯特拉克伯爵吗？"

"为您效劳。"小个子大臣鞠了一躬。

简·法瑞尔一定比他高出一个头！苏菲想，这是我的错。"是的，你可以帮帮我。"她提了一嘴关于迈克尔的事。

凯特拉克伯爵向她保证一定会找到迈克尔，然后带他到前厅和她会合，小事一桩。他不停地鞠躬和微笑，并亲自把苏菲交给一名戴着手套的侍者。就和来的时候一样，苏菲又被交给下一名侍者，接着是另一位。终于，她蹒跚着来到有士兵把守的楼梯。

迈克尔不在那里，哈尔也不在，苏菲反倒稍微地松了口气。她早就料到会这样！凯特拉克伯爵一看就是个不靠谱的人，而她自己也差不多。她应该庆幸自己居然找到了出口。现在她又累又热，垂头丧气，她决定不等迈克尔了。她想坐到壁炉旁边的椅子上，告诉卡西法自己把一切都搞砸了。

苏菲蹒跚地走下气派的楼梯，又走在气派的大街上。她疲惫地走进另一条街，到处都是尖顶、高塔和镀金色屋顶，让她眼花缭乱。她终于意识到情况比她想象的还糟，她迷路了。她完全不知道该怎么找到伪装成马厩的城堡入口。她又转到另一条街上，可还是茫然无措。

现在她连回皇宫的路都找不到了。她试着去问路人，可大多数人和她一样又热又累。"巫师彭德拉根？"他们说，"他是谁？"

苏菲步履蹒跚，绝望地走在路上。她差点就放弃了，打算坐在台阶上凑合一晚上。这时在一条窄巷的尽头，她看到了彭斯特梦夫人的房子。对了！她想，我可以去问那个男仆，他和哈尔相熟，一定知道他家在什么地方，于是她转身往那条巷子走去。

荒野女巫迎面向她走来。

很难解释苏菲是怎么认出荒野女巫的。她的脸发生了变化，头发也不是整齐的栗色小卷，而是及腰的红色波浪。她穿着飘逸的红褐色和浅黄色相间的裙子，看起来很漂亮。苏菲一眼就认出了她，吓得差点停下脚步。

她肯定不记得我了，苏菲想。她对无数人施过咒，而我只是其中一个。于是她壮着胆子走过去，拿拐杖用力地敲打着石子路，提醒自己万一遇到危险，按彭斯特梦夫人的话来说，这根拐杖会是一件强大的兵器。

可她又错了。荒野女巫从小巷里款款走来，微笑着转动太阳伞，身后两名身着橘色天鹅绒制服的小厮却一脸不高兴。和苏菲擦肩而过时，她停下脚步，一股香香的橙褐色气体扑进苏菲的鼻子。"哟，海特小姐！"荒野女巫哈哈大笑地说，"我可是对人的脸过目不忘,尤其是我自己制造出来的!你在这里干吗?还穿得那么华丽。如果你是来找彭斯特梦夫人的,那就趁早打消这个念头吧,那个老太婆死了。"

"死了?"苏菲有一股冒傻气的冲动,想说她一个小时之前还活着!但她克制住了,因为死亡就是这样:人们活着,直到死亡降临。

"是的,死了。"荒野女巫说,"她拒绝透露我想找的人的下落。她还说'除非我死了!'所以我让她得偿所愿了。"

她在找哈尔!苏菲想。现在我该怎么办?要不是她又热又累,苏菲恐怕早就吓得无法思考了。荒野女巫杀得了彭斯特梦夫人,无论有没有拐杖在手,苏菲对她来说都是小菜一碟。如果她怀疑苏菲知道哈尔的下落,苏菲可就完了。苏菲记不住城堡的入口也许反倒是件好事。

"我不认识你杀的这个人。"她说,"可你是个邪恶的刽子手。"

可荒野女巫仍然起了疑心。她说:"我听见你说正准备去拜访彭斯特梦夫人。"

"不。"苏菲说,"那是你自己说的。即使我不认识她,但你杀了人,我还是可以认为你很邪恶。"

"那你这是去哪儿?"荒野女巫说。

苏菲本想让荒野女巫少管闲事,可那只会惹祸上身。于是她说了一个自己唯一想到的理由。"我要去见国王。"她说。

荒野女巫难以置信地大笑起来:"可国王会见你吗?"

"是的,当然。"苏菲答道,恐惧和愤怒让她浑身颤抖,

"我有预约。我——我要请愿,给帽子商更好的待遇。你瞧,我一直没放弃,哪怕你把我变成这副模样。"

"那你走错方向了。"荒野女巫说,"皇宫在你后面。"

"哦,是吗?"苏菲说,她的惊讶并不是装出来的,"那我只有绕回去了。自从你把我弄成这样,我就有点儿辨不清方向了。"

荒野女巫哈哈大笑,她一个字都不相信。"那就跟我来,"她说,"我带你去皇宫。"

苏菲无计可施,只好转过身,走在荒野女巫旁边。两名小厮闷闷不乐地跟在她们俩后面。苏菲又生气又绝望。她看到荒野女巫走路的样子仪态万千,想起彭斯特梦夫人说过她其实是个老太婆。这不公平!苏菲想,可她无能为力。

"你为什么把我变成这副模样?"她们走在一条气派的有喷泉的大路上时,苏菲问。

"你妨碍了我获取一些重要的情报。"荒野女巫说,"当然,我最后还是得到了。"苏菲摸不着头脑,她不知道该不该说一定是有什么弄错了,又担心这么说会给她惹来麻烦。"虽然我敢保证你对此一无所知。"荒野女巫大笑起来,仿佛这是最好笑的地方,"你听说过一个叫威尔士的地方吗?"

"没有。"苏菲说,"是在海底吗?"

荒野女巫觉得更好笑了。"现在还没呢。"她说,"那是巫师哈尔的故乡。你认识巫师哈尔,对吧?"

"只是听说而已。"苏菲撒了谎,"他吃女孩子,和你一样邪恶。"她觉得冷飕飕的,可又不像是她们此时经过喷泉的缘故。喷泉后面有一个粉色大理石广场,广场对面就是石头台阶,而皇宫就在最顶上。

"到了,那就是皇宫。"荒野女巫说,"你真的爬得了那么多台阶吗?"

"不会比你差。"苏菲说,"如果让我回到年轻的时候,这么热的天,我也能一口气跑上去。"

"这就没意思了。"荒野女巫说,"那你去吧。如果你说服了国王接见你,别忘了提醒他,是他爷爷把我赶到了荒野,我还没找他算账呢。"

苏菲绝望地仰望着又长又高的台阶,至少现在上面只有士兵。以她今天的运气,就算看到迈克尔和哈尔从上面下来,她也不会感到惊讶。荒野女巫显然就站在那里等着她上去,苏菲别无选择,只好开始爬楼梯。她蹒跚着经过汗流浃背的士兵,重新走回皇宫的大门,每走一步,对荒野女巫的怨恨就多了一分。终于登顶了,她大口喘着气,转身回望。台阶底下有一片飘动的红褐色,旁边有两个橙色的小小人影——荒野女巫还在那里,等着看她从皇宫里被扔出去。

"该死!"苏菲说,她蹒跚着走向拱门的守卫。她的霉运还没结束。迈克尔和哈尔仍然不见踪影,她只好对守卫说:"我有事忘了告诉国王。"

他们还记得她,便放她进去了。她被一名戴着白手套的人带走了,还没等苏菲回过神来,皇宫机器又开始运转。就像上次那样,她被交给一个又一个人,直到来到同样的双开大门前,由同一个穿蓝色制服的人宣布:"彭德拉根太太再次前来参见，国王陛下。"

简直是一场噩梦。苏菲一边想，一边走进同一个大厅。她别无选择，只好再次诋毁哈尔的名声。可问题是，经历了这么多糟心事，她又怯场了，脑子比之前还要空白。

这一回，国王站在角落里一个大桌子旁，焦虑地移动着地图上的小旗子。他抬起头亲切地说："他们说你有什么事忘了说了。"

"是的。"苏菲说，"哈尔说，除非您承诺把女儿嫁给他，他才会去寻找贾斯汀王子。"我在胡说八道什么？她想，他会把我们俩都处死的！

国王有些担忧地看了她一眼。"彭德拉根太太，你知道这是绝无可能的。"他说，"我理解你一定非常担心你的儿子才这么说的，可是你不能一直把他拴在身边。我心意已决。请到椅子上坐一坐，你看起来很疲惫。"

苏菲颤颤巍巍地走到国王指的那张低矮的椅子前，一屁股坐在上面，心想会不会有守卫前来把她逮捕。

国王环视一周。"我女儿刚刚还在这里。"他说着弯腰往桌子下面瞧，这让苏菲大惊失色。"维尔利亚。"他喊道，"小维，出来，这边，真是个乖孩子。"

只听一阵跌跌撞撞的脚步声，过了一会儿，公主维尔利亚从桌子底下钻出来，咧开嘴天真地笑着。她的年纪实在太小了，只有四颗牙，头发稀疏，耳朵上面长了一圈白色绒毛。她看到苏菲，笑得更甜了，用吮吸过的那只手抓住苏菲的裙子。公主使出吃奶的劲儿拉扯，苏菲的绸缎裙子上留下一摊湿湿的

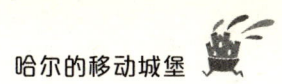

口水渍。维尔利亚抬头望着苏菲,友好地叽里呱啦说起话来,显然那是一门只有她自己才听得懂的语言。

"哦呀。"苏菲说,觉得自己真是个大傻瓜。

"我理解为人父母的感受,彭德拉根太太。"国王说。

第十四章

皇家巫师不幸染上感冒

苏菲乘坐国王的马车回到城堡在金斯伯里的入口。马车配有四匹马、一名车夫、一名马夫和一名仆人,此外还有一名信使和六名皇家骑兵随行。这一切都托维尔利亚公主的福。她爬到了苏菲的腿上玩。马车丁零当啷地下坡走了一小段路,苏菲的裙子上还保留着维尔利亚湿答答的皇家印迹。苏菲微微一笑,玛莎想要孩子也许是有道理的,只是十个维尔利亚有点儿太多了。维尔利亚在她身上爬上爬下的时候,苏菲想起荒野女巫说过威胁维尔利亚的话,不由得对维尔利亚说:"荒野女巫休想伤你一根毫毛,我是不会让她得逞的。"

国王没说什么,却下令让皇家马车送苏菲回家。

马车在伪装的马厩外面发出很大的动静。迈克尔冲出门,一名男仆正扶着苏菲下车。"你去哪儿了?"他问,"我都要急死了!哈尔很消沉——"

"他肯定会这样。"苏菲忧心忡忡地说。

"因为彭斯特梦夫人去世了。"迈克尔说。

哈尔也来到门口。他看起来脸色苍白,情绪低落。苏菲心虚地看着他手上一个盖有蓝红色皇家封印的卷宗。哈尔给了信使一个金币,他一言不发,直到马车和皇家骑兵笃笃地走远了,他才说:"动用了四匹马和十个人来摆脱一个老太婆。你到底对国王做了什么?"

苏菲跟着迈克尔和哈尔进了门,她以为屋子里一定到处都是绿色黏液,可并没有。卡西法蹿到烟囱里,咧着紫色的嘴。苏菲瘫在椅子上。"我想国王已经受够了我对你名声的诋毁。我去了两次。"她说,"每件事都出了差错。我在途中还遇到了荒野女巫,她刚结果了彭斯特梦夫人出来。今天可真倒霉!"

苏菲讲述着自己的遭遇,哈尔靠着壁炉台,提着卷宗来回甩动,仿佛想用它喂卡西法。"新晋皇家巫师。"他说,"我的名声可真差。"出乎苏菲和迈克尔的意料,他大笑起来。

"她又对凯特拉克伯爵做了什么?"他哈哈大笑,"我再也不会让她接近国王了!"

"我的确抹黑了你的名声!"苏菲反驳。

"我知道。是我失算了。"哈尔说,"现在我该如何去参加可怜的彭斯特梦夫人的葬礼,而不被荒野女巫发现呢?卡西法,你有什么主意?"

显然,彭斯特梦夫人的死是最让哈尔悲痛的事。

迈克尔被荒野女巫吓得一晚上没睡好,第二天早上他坦言自己做了个噩梦,梦见荒野女巫从城堡不同的入口闯了进来。"哈尔去哪儿了?"他焦急地说。

哈尔很早就出门了,浴室里像平常一样弥漫着香喷喷的水蒸气。他没有带吉他,门把手是绿色朝下,连卡西法也不知道他去哪儿了。"别给任何人开门。"卡西法说,"荒野女巫知道每一个入口,除了泊特港那个。"

听了这话,迈克尔如临大敌,他从后院找来几块厚木板,横七竖八地挡在门上,这才开始研究他们从安格瑞亚小姐那里拿回的咒语。

半个小时之后,门把手猛地转到黑色朝下,门开始晃动。迈克尔紧紧抓住苏菲。"别怕,"他哆哆嗦嗦地说,"我会保护你的。"

门猛烈地跳动了一阵,然后停下来。迈克尔如释重负地松开了苏菲。突然传来剧烈的爆炸声,木板被炸到地板上。卡西法缩进炉膛最底下,迈克尔则躲进了扫帚柜,留下苏菲一个人站在门口。门猛地打开,哈尔冲了进来。

"真是太过分了,苏菲!"他说,"我还住在这儿呢。"他淋成了落汤鸡,灰红色的外套变成了棕黑色,水从袖子和发梢上滴下来。

苏菲看了一眼门把手,还是黑色朝下。他一定去找安格瑞亚小姐了,她想,一定穿着那件吸引女孩子的衣服去见她了。"你去哪儿了?"她问。

哈尔打了个喷嚏。"去淋雨,不关你的事。"他的声音嘶哑,"干吗要钉那些木板?"

"是我干的。"迈克尔说着,从扫帚柜里钻了出来,"荒野女巫——"

"你一定认为我忘了老本行。"哈尔恼怒地说,"我用了那么多误导咒,大多数人压根儿就找不到我们,就连荒野女巫也起码要花上三天。卡西法,我要喝点热的。"

卡西法从木柴堆里爬上来,当哈尔朝壁炉走去时,他又躲了下去。"别过来!你湿透了!"他咝咝地说。

"苏菲。"哈尔恳求道。

苏菲不为所动,她抱着双臂。"莱蒂怎么办?"她问。

"我都湿透了。"哈尔说,"我得喝杯热饮。"

"我是说,莱蒂怎么办?"苏菲说。

"真讨厌!"哈尔说。他晃了晃身子,水滴在地板上形成一个圆圈。哈尔从里面跨出来,他的头发干了,闪着光泽,外套也恢复了灰红色。他去拿来了平底锅。"世界上铁石心肠的女人太多了,迈克尔。"他说,"我可以一口气想出三个。"

"其中一个是安格瑞亚小姐吗?"苏菲问。

哈尔没有回答。他一早上都对苏菲视而不见,只顾着和迈克尔以及卡西法商量搬家的事。她警告过国王,哈尔真的打算逃跑,苏菲一边想,一边坐下来把更多的银蓝色三角形缝在外套上。她知道自己必须尽快让他把那件灰红色的外套脱下来。

"我觉得我们不需要改变泊特港的入口。"哈尔说,他凭空变出一条手帕,使劲擤着鼻涕,卡西法不安地摇曳,"我希望城堡远离我们去过的任何地方,然后把金斯伯里的入口封死。"

有人敲门。苏菲发现哈尔一跃而起,四处张望,和迈克尔一样紧张,他俩谁都没去开门。胆小鬼!苏菲轻蔑地想。她想不通自己昨天为什么要去帮哈尔做那些麻烦事。"我一定是疯了!"她对着银蓝色外套喃喃地说。

"那黑色朝下的门呢?"敲门的人似乎离开了,迈克尔问。

"留着。"哈尔说,他又变出一条手帕擤了一次鼻涕。

当然!苏菲想,安格瑞亚小姐就在那扇门外面。可怜的莱蒂!

半个早上过去,哈尔又变出两三条手帕,苏菲看到它们其实是松软的方形纸张。他一直在打喷嚏,声音沙哑。不一会儿,他开始一次变出半打手帕,用过的手帕在卡西法身边堆成山。

"哦,为什么我每次去威尔士回来都要感冒!"哈尔嘶哑地说,他又变出一大堆纸巾。

苏菲嗤之以鼻。

"你在说话吗?"哈尔哑着嗓子说。

"没有,不过我想,逃避的人活该得感冒。"苏菲说,"国王派某人完成一个任务,结果他去雨里谈情说爱,生病了真是怪不得别人。"

"你对我的事一无所知,说教太太。"哈尔说,"需要我下次出门的时候列张清单吗?我去找过贾斯汀王子。我出门又不只是为了约会。"

"你什么时候找过的?"苏菲问。

"哦,你的耳朵竖起来了,长鼻子伸出来了!"哈尔沙哑地说,"当然在他刚失踪的时候就找过了。我很好奇贾斯汀王子去做什么了,每个人都知道苏里曼去荒野了。我猜一定是有人卖给他一个冒牌的寻找咒语,因为他直接去了叠嶂坡,从费尔法克斯太太那里又买了一个。那个咒语自然让他找到我这里来了。他来到城堡，迈克尔又卖给他另一个寻找咒和一个伪装咒。"

迈克尔用手捂住嘴："穿着绿色套装的那个人就是贾斯汀王子？"

"没错，我之前没提过这事。"哈尔说，"国王可能以为你有脑子，在这种情况下就应该卖个假咒语给他。可我是有良心的，良心。注意这个词，长鼻子太太，我是有良心的。"哈尔又变出一堆手帕，他盯着苏菲，眼圈发红，眼泪汪汪。然后他站起来。"我觉得不舒服。"他宣布，"我要上床了，也许那就是我的葬身之地。"他失魂落魄，跌跌撞撞地上楼，"把我埋葬在彭斯特梦夫人旁边。"他哑着嗓子，说完上床去了。

苏菲比平时更卖力地缝衣服。现在机会来了，得在哈尔伤害安格瑞亚小姐的感情之前把衣服从他身上换下来——当然，除非哈尔穿着衣服睡觉——不过这也是完全有可能的。那么哈尔是去叠嶂坡寻找贾斯汀王子才遇到莱蒂的。可怜的莱蒂！苏菲一边想，一边用细密的针脚缝第五十七块蓝色三角形，再缝四十个就大功告成了。

哈尔的声音听来很虚弱："谁来帮帮我！没人照顾，我都快死在这儿了！"

苏菲哼了一声。迈克尔放下手头的新咒语跑上跑下，事情多得没完没了。在苏菲缝了十个蓝色三角形的工夫，迈克尔带上楼的东西就有柠檬和蜂蜜、指定的一本书、咳嗽药、咳嗽药的小勺、滴鼻子的药水、治嗓子的含片、漱口水、笔、纸、另外三本书，以及柳树皮提取液[1]。不断有人来敲门，苏菲坐立难安，卡西法不安地闪烁着。因为没人开门，有的人会砰砰地敲上五分钟，认为是故意不给他们开门的。

这时苏菲开始担心那件银蓝色的外套了。它变得越来越小，那么多三角形拼接在一起，必然会损失大量的布料。"迈克尔，"当哈尔想要一个熏肉三明治，迈克尔再次匆匆下楼的时候，她问，"有没有什么方法可以让小衣服变大呢？"

"哦，有的，"迈克尔说，"那就是我的新咒语——如果我有空研究的话。他希望三明治里有六片熏肉，你能请动卡西法吗？"

苏菲和卡西法交换了一下眼神。"我觉得他死不了。"卡西法说。

"如果你低下头，我可以给你吃熏肉皮。"苏菲说着放下针线活儿，收买卡西法比欺负它容易多了。

大家都吃熏肉三明治当午餐，只是迈克尔吃到一半不得不匆匆上楼。他带着新的消息下来，哈尔想让他现在去一趟齐坪镇，拿一些城堡搬家要用的东西。

"可是荒野女巫——这样安全吗？"苏菲问。

迈克尔舔着手指上的熏肉油脂，一头扎进扫帚柜。他找出一件沾满灰尘的天鹅绒斗篷披在肩上。披着斗篷的迈克尔变成了一个身材魁梧、留着红胡子的男人。这个男人舔着手指，用

---

[1] 柳树皮含有水杨酸，有抑菌的作用，也可用于感冒发烧、缓解头痛、肌肉痛等，类似阿司匹林的功效。柳树皮可以晒干煮水喝，也可以用油浸泡提取出有效成分。

迈克尔的声音说:"误导咒再加上伪装咒,哈尔觉得这下我就安全了。不知道莱蒂能不能认出我。"魁梧的男人打开门,让绿色朝下,然后跃进慢慢移动的山坡。

一切恢复平静。卡西法安定下来,发出轻微的噼啪声。哈尔很清楚苏菲是不会去伺候他的,楼上鸦雀无声。苏菲站起来,警惕地走到扫帚柜。这是她去找莱蒂的好机会。现在莱蒂一定很伤心。苏菲敢肯定,自从果园见面之后,哈尔就再也没去找过她。如果苏菲告诉她这一切都是由施了吸引咒的外套引起的,她也许会好受些。无论如何,这是她欠莱蒂的,莱蒂应该知道真相。

千里飞靴不在柜子里。苏菲一开始不敢相信,她把所有的东西都翻出来,可里面只有普通的水桶和扫帚,以及另外一件斗篷。"讨厌鬼!"苏菲大喊。显然,哈尔是为了确保她无法跟踪他去任何地方。

她把所有东西放回柜子。有人敲门,苏菲和往常一样跳起来,希望他们会自己离开。可这是一个最执着的人。到底是谁——也许他,或者她在撞门,听起来是一阵连贯的砰、砰、砰,而不是正常的敲门声,五分钟之后还没消停。

苏菲看到卡西法不安地摇曳着绿色火焰,问道:"是荒野女巫吗?"

"不是,"卡西法躲在柴火里,声音含糊沉闷,"是城堡的门。一定是有人在追我们,我们移动得很快。"

"是稻草人吗?"苏菲想到这儿,不由得发抖。

"是血肉之躯。"卡西法说,他的蓝脸蹿上了烟囱,一脸疑惑,"我不确定是什么,只知道它很想进来。我觉得它没有恶意。"

砰砰的敲门声让苏菲坐立不安,她决定去开门,让它停止。而且,她也很好奇那究竟是什么。她手上还拿着扫帚柜里的另一件天鹅绒斗篷,她一边披到肩上,一边往门口走去。卡西法目不转睛地盯着她,苏菲第一次见到他主动低下了头,从卷曲的绿色火焰下面发出噼里啪啦的爆笑声,天知道斗篷把她变成了什么模样。苏菲打开门。

一条巨大而细长的灵缇犬从山坡一跃而起,跳上城堡的黑色砖头,然后四足落地,站在了屋子中间。苏菲急忙扔下斗篷退开。她从小就怕狗,这狗一看就不是好惹的。它就在苏菲和门之间,目不转睛地盯着她。苏菲眼巴巴地望着外面滚动的岩石和帚石楠,犹豫着要不要叫哈尔。

那只狗弓起本来就弯曲的背,不知怎的,居然用后腿站了起来。它几乎和苏菲一样高,僵硬地举起前腿,吃力地站着。苏菲正要张嘴呼唤哈尔,这东西又费了很大的劲,向上伸展变成了人形,还穿着一件皱巴巴的棕色外套。他有姜黄色的头发和一张苍白的、闷闷不乐的脸。

"从叠嶂坡来的。"人形狗喘着粗气,"莱蒂——莱蒂让我——莱蒂哭了,很伤心——让我来找你——让我留下——"话还没说完,他开始变小。他绝望而烦躁地发出一声狗的嚎叫。"别告诉巫师!"他哀号着缩进卷曲的红毛里,重新变回了狗。这一次,他变成了一条红色长毛猎犬。红色猎犬摇着毛茸茸的尾巴,可怜巴巴地盯着苏菲,流露出痛苦的神情。

"哦，天啊。"苏菲一边说，一边关上门，"你真的有麻烦了，我的朋友。你就是那条柯利牧羊犬，对吗？我现在明白费尔法克斯太太的意思了。那个荒野女巫该死，真是太该死了呀！可莱蒂为什么让你来这里？如果你不希望我告诉巫师哈尔——"

听到这个名字，狗轻吠一声。它摇着尾巴，恳求地盯着苏菲。

"好吧，我不会告诉他的。"苏菲保证。狗似乎松了一口气。它跑到炉膛，警惕地看了卡西法一眼，然后在壁炉围栏旁躺下来，蜷缩成一个瘦瘦的红色小团。"卡西法，你怎么想？"苏菲问。

"这条狗是个被施了咒的人。"卡西法说了句废话。

"这个我知道，你能解开他的咒语吗？"苏菲问。她猜测，就像其他人一样，莱蒂一定也听说哈尔手下有一名女巫。当务之急就是在哈尔醒来之前把这只狗变回人，送回叠嶂坡。

"不行，我必须和哈尔联手才能解开。"卡西法说。

"那我自己来试试。"苏菲说。可怜的莱蒂！她为哈尔心碎，而另外一个心上人在大多数时候是只狗！苏菲抚摸着狗圆圆的脑袋上柔软的毛。"变回人形。"她说。可苏菲一连说了好几遍，唯一的作用就是让狗沉沉睡去。他打着呼噜，靠在苏菲的腿边不时抽动。

这时，楼上传来呻吟声和喋喋不休的抱怨声。苏菲不理不睬，继续对狗低语。一阵猛烈的干咳声从哈尔的房间传来，然后又变成了呻吟。苏菲仍然不为所动。接着是喷嚏声，每一声都震撼了门窗。苏菲很难对此视而不见,但她还是没有反应。噗——噗!擤鼻涕的声音就像在隧道里吹巴松管。然后又是咳嗽里夹杂着呻吟,喷嚏声混合着呻吟和咳嗽,吵翻了天。哈尔似乎能同时咳嗽、呻吟、擤鼻涕、打喷嚏,以及轻声哀叹。门嘎吱作响,天花板上的横梁摇来晃去,卡西法的一根柴火滚落到炉膛边。

"行了,行了,我知道了。"苏菲说,她把柴火扔回去,"马上就要有绿色黏液了。让狗待在原地。"她爬上楼,大声自言自语,"这些巫师可真是的!你还以为别人没得过感冒吧!好了,怎么了?"她一边问,一边蹒跚地走到卧室的脏地毯上。

"我快无聊死了,"哈尔伤感地说,"或者是真的快死了。"

他靠在一个脏脏的灰色枕头上,看起来可怜兮兮,身上盖的似乎是一床拼布被子,只不过上面太多灰,看上去成了一个颜色。他最喜欢的蜘蛛正在头顶的帐子上忙碌地织网。

苏菲摸了摸他的额头。"你是有点儿发烧。"她承认。

"我神志不清。"他说,"眼前都是移动的小黑点。"

"那些是蜘蛛。"苏菲说,"你怎么不用咒语把自己治好呢?"

"因为没有治疗感冒的咒语。"哈尔悲伤地说,"我脑子里有东西一直在转——也许是我的脑子在转来转去想事情。我一直在想荒野女巫对我施的那个诅咒。我从来不知道她可以那样揭我的老底。就算那都是事实,就算我自作自受,也真的太惨了。我不知道接下来还会发生什么。"

苏菲回想起谜语的诗句:"什么事?告诉我时光如何

流逝？"

"哦，我知道了。"哈尔说，"我自己，或者别人的。他们就在那里，就在他们平时的地方。只要我愿意，我可以重新回到自己的洗礼上扮演坏仙女。可能就是那件事让我惹祸上身的。不对，我只需要等三件事发生：美人鱼、曼陀罗的根和引领诚实的心的那阵风。至于我会不会两鬓斑白，只有等咒语解除才看得到。最多只有三个星期，它们就都会成真。一旦都发生了，荒野女巫就会马上抓到我。幸好橄榄球俱乐部的聚会是在仲夏节的前一天，至少我还能参加。其他的事很久之前就发生过了。"

"你是说难以抓住的流星和永远找不到的美丽忠贞的女人？"苏菲问，"就你的所作所为来看，我丝毫不感到惊讶。彭斯特梦夫人说过，你就要变坏了。她说得没错，是不是？"

"就算丢了性命，我也要去参加她的葬礼。"哈尔悲伤地说，"彭斯特梦夫人总是把我想得太好了，我用我的魅力迷惑了她。"泪水溢出他的眼眶。苏菲不知道他是真的哭了，还是只是感冒的缘故，但她发现他又在回避。

"我们是在谈论一旦女孩爱上了你，你就会把她们甩了。"她说，"你为什么这么做？"

哈尔用颤抖的手指着他床上的帐子："这就是为什么我喜欢蜘蛛。'如果一开始没有成功，就努力，努力，再努力。'我不停地努力。"他怀着巨大的悲伤说，"可是几年前，我做了个交易，现在我再也不能爱上谁了。"

这一次哈尔的眼睛里真的流出了泪水，这让苏菲有些担心:"听着,你不能哭——"

外面传来啪嗒啪嗒的声音。苏菲环视一周,看到人形狗弓起背挤进门。她伸手抓住红色的毛,心想他一定是来咬哈尔的。可狗只是靠在她脚边,她不得不蹒跚着退到斑驳脱落的墙边。

"这是什么?"哈尔问。

"我新养的狗。"苏菲摸着它卷曲的毛。

现在她贴在墙上,可以看见卧室窗外的风景。那里本来应该是后院,可她却看见一个整洁的方形花园,中间还有一个金属的儿童秋千架。在落日余晖的照射下,秋千上的雨滴变幻出蓝色和红色。苏菲驻足凝望,哈尔的外甥女玛丽正穿过湿漉漉的草地,后面跟着哈尔的姐姐梅根。显然她在对玛丽大喊,让她不要坐在湿了的秋千上,可是并没有任何声音。"这个地方叫作威尔士吗?"苏菲问。

哈尔一边大笑,一边捶着被子。灰尘飞扬,就像一阵烟雾。

"讨厌的狗!"他哑着嗓子说,"我和自己打赌,你在这里的时候,我一定不让你看窗户外面。"

"现在也是?"她松开狗,希望他去狠狠地咬上哈尔一口。可是狗仍然靠在她脚边,把她往门口推。"谈情说爱都是一场游戏,对吗?"她说,"我早该知道的!"

哈尔躺回他的灰色枕头里,看上去受到了冤枉和伤害。"有时候,"他说,"你的口气和梅根一模一样。"

"有时候,"苏菲一边回答,一边把狗赶出房间,"我很理解梅根为什么会变成那样。"只听一声巨响,她摔门而出,把蜘蛛、灰尘和花园都关在身后。

第十五章

哈尔乔装打扮参加葬礼

苏菲重新拿起针线活,人形狗蜷起身子重重地压在她的脚上。也许他觉得跟在苏菲身边会对解除咒语有帮助。一个高大魁梧的红胡子男人拿着一盒东西冲进房间。他取下天鹅绒斗篷变回迈克尔,东西还在他手上。人形狗起身摇着尾巴,他不介意迈克尔摸摸他,揉揉他的耳朵。

"我希望他留下,"迈克尔说,"我一直想养条狗。"

哈尔听见迈克尔回来了,于是裹着棕色的拼布被子下楼。苏菲停下手里的活儿,小心地抓住狗。没想到狗对哈尔很客气。当哈尔从被子下伸出一只手拍拍他时,狗也很温顺。

"如何?"哈尔哑着嗓子说,他变出更多纸巾,扬起一团灰尘。

"全都到手了。"迈克尔说,"我们还撞了大运,哈尔。齐坪镇有一间铺面出售,以前是一家帽子店。你觉得我们可以把城堡搬到那里吗?"

哈尔坐在一个高脚凳上,像穿长袍的罗马议员一样沉思。"得看价钱。"他说,"我还真想把泊特港的入口搬到那儿去,但这不是件容易的事,因为得让卡西法挪窝,而泊特港是卡西法真正的栖身之处。你怎么想,卡西法?"

"搬运我可是非常精细的活儿。"卡西法说,他思考的时候颜色变浅了好几度,"我认为你们应该让我待在原地。"

这么说,芬妮在卖帽子店,当另外三个人在讨论搬家时,苏菲一直在思考。哈尔所谓的良心也不过如此嘛!不过最让她迷惑不解的是狗的行为。尽管苏菲说了很多次自己解不开他身上的咒语,他还是不愿意离开。他不咬哈尔,当天晚上和第二天早上,还任由迈克尔带他去泊特港沼泽边上溜了一圈。他的目的似乎是成为城堡的一员。

"如果我是你,我会留在叠嶂坡让莱蒂回心转意。"苏菲告诉他。

第二天,哈尔一会儿窝在床上,一会儿起床走动。当他窝在床上时,迈克尔跑上跑下。当他起来时,迈克尔只好跟着他测量城堡,修理每一个角落的金属支架。

其余的时候,哈尔裹在被单和一团灰尘里,提些问题,发表些讲话,但多半都和苏菲有关。

"苏菲,你把我们建造城堡时留下的印迹都刷上白漆了,你能告诉我迈克尔房间里的记号在哪儿吗?"

"不。"苏菲一边说,一边缝第七十块蓝色三角形,"我不知道。"

哈尔打了个喷嚏,失望地回去了,但他很快又出现了。"苏菲,如果买下那家帽子店,我们可以卖什么?"

苏菲发现自己这辈子都不想碰帽子了。"反正不卖帽子。"她说,"你只是买下铺面,又不是接管生意。"

"把你那点小心思放在这上头。"哈尔说,"最好动动脑子,如果你有脑子的话。"他又上楼了。

五分钟之后,他又下来了。"苏菲,关于其他的入口,你有什么喜欢的地方吗?你希望我们住在哪儿?"

苏菲的脑海中立刻浮现出费尔法克斯太太的房子。"我想住在一栋漂亮的房子里,种满鲜花。"她说。

"我知道了。"哈尔哑着嗓子说,然后大步走开了。

等哈尔再次出现的时候,他已经穿好衣服。今天已经折腾三回了,苏菲不以为意。直到哈尔披上迈克尔用过的天鹅绒斗篷,变成一个脸色苍白、不停咳嗽的红胡子男人,用一条巨大的红色手帕捂住鼻子,苏菲这才意识到哈尔要出门。"你的感冒会加重的。"她说。

"我死了算了,那样你们都会可怜我。"红胡子男人说,他从绿色朝下的大门走出去。

在哈尔离开之后的一个小时里,迈克尔终于有时间研究咒语,苏菲也已经缝到第八十四个蓝色三角形了。红胡子男人回来了,他取下天鹅绒斗篷重新变成哈尔。哈尔咳得比之前更厉害了,如果他承认的话,他才应该可怜自己。

"我拿下了那个铺面。"他告诉迈克尔,"它后面有个很实用的库房,侧面和一栋房子相连,我全买下来了,只是我不知道用什么来付钱。"

"如果你找到贾斯汀王子,不是有一大笔赏金吗?"迈克尔问。

"你别忘了,"哈尔哑着嗓子说,"这么大费周折,就是为了不去找贾斯汀王子。我们要人间蒸发。"他一边咳嗽,一边去楼上睡觉。但很快,他又开始打喷嚏来吸引别人的注意,声音响得连横梁都在震动。

迈克尔只好放下咒语匆匆上楼。苏菲本来也要去,但每一次都被人形狗拦下来。这是他另一个奇怪的举动,他似乎不希望苏菲帮哈尔做任何事。苏菲觉得这也很合理,她开始缝第八十五块三角形。

迈克尔兴高采烈地下楼,又开始研究咒语。他心情大好,甚至加入了卡西法的平底锅之歌,还一边干活儿,一边像苏菲那样和骷髅头聊天。"我们就要住在齐坪镇。"他告诉骷髅头,"我每天都可以见到莱蒂。"

"所以你才告诉哈尔那个铺面的事?"苏菲一边穿针引线,一边问。她这会儿已经缝到第八十九个三角形了。

"没错。"迈克尔高兴地说,"是莱蒂告诉我的,我们在商量怎么才能再见面。我告诉她——"

迈克尔打住了,因为哈尔拖着被单下来。"这一定是我最后一次出现了。"哈尔哑着嗓子说,"我忘了说,明天是彭斯特梦夫人下葬的日子,她会埋在泊特港附近她自己的一块地皮上。你把这件外套洗了。"他从被单下拿出灰红色的外套扔在苏菲腿上,"别管那件外套了。"他对苏菲说,"我喜欢这一件,可我没力气把它洗干净。"

"你一定要去参加葬礼吗?"迈克尔焦急地问。

"我从没想过要缺席。"哈尔说,"我有今天的成就,全靠彭斯特梦夫人的栽培。为了表示敬意,我必须去。"

"可你的感冒加重了。"迈克尔说。

"他自找的。"苏菲说,"谁让他到处跑来跑去。"

哈尔立刻摆出了高姿态。"我不要紧的,"他说,"只要不吹海风。彭斯特梦夫人那里气候恶劣,树都被风吹得倒向一边,几英里远都没有遮阴的地方。"

苏菲知道他只是博取同情,她哼了一声。

"那荒野女巫呢?"迈克尔问。

哈尔咳得令人揪心:"我会乔装打扮的,也许假装成另一具尸体。"他一边说,一边慢慢上楼。

"那么你需要的是裹尸布,而不是这件外套。"苏菲在后面大喊。哈尔没有回应,苏菲也没有继续顶嘴。机不可失,那件施了吸引咒的灰红色外套就在她手里。她拿起剪刀,把灰红色外套剪得七零八落,这下哈尔可就穿不成了。然后她在银蓝色外套上缝最后几个三角形,主要是领口一圈的小碎片。外套变得非常小,可能连彭斯特梦夫人的小厮也穿不进去。

"迈克尔,"她说,"快点把咒语准备好,我有急用。"

"快了。"迈克尔说。

半个钟头之后,迈克尔核对了一遍清单,觉得自己准备妥当了。他拿着一个很小的碗朝苏菲走来,碗底有少量的绿色粉末。"你想放在什么东西上?"

"这里。"苏菲说着剪掉最后几根线头。她把熟睡的人形狗推到一边,把童装般大小的外套小心地放在地上。迈克尔也同样小心地把碗里的粉末均匀地撒在上面。

两个人焦急地等待着。

过了一会儿,衣服开始慢慢变大,迈克尔松了一口气。他们看着它越变越大,直到盖到了人形狗身上,苏菲不得不把它拉开,腾出位置。

五分钟之后,他们一致认为现在刚好是哈尔的尺寸。迈克尔把多余的粉末收集到一起,小心地撒到炉膛里。卡西法熊熊燃烧起来,低声咆哮,人形狗从梦中惊醒,一跃而起。

"当心点!"卡西法说,"这个咒语很强。"

苏菲拿起衣服,蹑手蹑脚地蹒跚上楼。哈尔枕着他的灰色枕头,蜘蛛忙着在他的周围织网。睡梦中,他看起来高贵而忧郁。苏菲缓慢地走过去,把银蓝色的外套放在窗边的旧箱子上,试图说服自己衣服没有继续变大。"总之,就算它让你参加不成葬礼,也算不上什么坏事。"她一边喃喃自语,一边从窗户外看出去。

太阳低低地悬挂在天空,照耀着整洁的花园。一个高大黝黑的男人兴致勃勃地把一个红色的球扔给哈尔的侄子尼尔。尼尔拿着一副球拍,一百个不情愿地站在那里。苏菲看得出那个男人是尼尔的父亲。

"又偷偷摸摸打探别人的事了。"哈尔的声音突然从背后传来。苏菲心虚地转过身,发现哈尔半梦半醒。他以为还是昨天,因为他呢喃着"'教我躲开嫉妒的蜇'——一切都过去了。我爱威尔士,可是它不爱我。梅根充满嫉妒,因为她受人尊敬而我没有"。

然后他清醒了一点儿,问道:"你在干吗?"

"只是帮你把衣服放进来。"苏菲说完急忙离开。

哈尔一定又睡着了,他那天晚上没有再出现。第二天早上,苏菲和迈克尔起床之后,他也没有任何动静。他们小心翼翼,生怕惊扰了他。他们俩都觉得去参加彭斯特梦夫人的葬礼不会有什么好事。迈克尔轻手轻脚地出门,带着狗在山上遛了一圈。苏菲踮着脚尖准备早餐,盼着哈尔睡过头。迈克尔回来之后,哈尔还是没有动静。人形狗饥肠辘辘,苏菲和迈克尔忙着在柜子里找狗能吃的东西,这时他们听到哈尔慢慢下楼的声音。

"苏菲。"哈尔用责备的声音说。

他站在那里把住楼梯间的门,一只手臂完全被一只巨大的银蓝色袖子罩住了。他的脚踩在最下面的台阶上,整个人都被裹在巨大的银蓝色外套里,而另一只手臂根本就没法从袖子里伸出来。苏菲只能看出他在比画着什么,手臂的轮廓从巨大的褶皱领子下面鼓出来。银蓝色外套从哈尔身后的台阶一直拖到他的卧室里。

"哦,老天!"迈克尔说,"哈尔,这是我的错。我——"

"你的错?胡说!"哈尔说,"隔得再远我都能看出这是苏菲的手艺。这件衣服拖了好几英里长。亲爱的苏菲,我的另一件外套呢?"

苏菲慌忙从扫帚柜里找出灰红色外套的残片,是她把它们藏在里面的。

哈尔审视着。"哦,真是了不起。"他说,"我还以为你把它剪成渣了,把那七片布全部拿过来。"苏菲把一堆灰红色的布交给他。哈尔在层层叠叠的银蓝色袖子里摸索着,然后把一只手从两个巨大针脚之间的空隙里伸出来。他从苏菲手里抓过那堆布料。"现在,"他说,"我就要准备去参加葬礼了。我不在的时候,你们两个千万别再搞出什么幺蛾子。我知道现在苏菲特别热衷这些事。我希望我回来的时候,这个房子还是原来的大小。"

他朝浴室走去,尽管在银蓝色套装里艰难地跋涉,他也尽量保持着风度。他身后的衣服从一个个台阶上拖下来,经过地板,发出窸窸窣窣的声音。哈尔进浴室的时候,大部分上衣都在地板上,裤子还留在楼梯上。哈尔浴室的门半掩着,他似乎在用两手交替着把衣服拉进去。苏菲、迈克尔和人形狗看着一段又一段的银蓝色布料从地板上拖过去,偶尔还有石磨那么大的银纽扣和绳子一般巨大而整齐的针脚。

"我八成是在制作咒语的时候出了什么岔子。"当最后一个巨大的荷叶边消失在浴室门里时,迈克尔说。

"这还用说吗?"卡西法说,"请再添一根木头。"

迈克尔给了卡西法一根柴火,苏菲喂了人形狗。在哈尔从浴室里出来之前,他们两人都不敢去干别的事,只是站着吃了点儿面包和蜂蜜当早餐。

足足两个钟头之后,哈尔才从马鞭草香味的蒸汽里走出来。他穿了一身黑。他的外套是黑色的,靴子是黑色的,头发也是黑色的,和安格瑞亚小姐一样的蓝黑色,长长的耳环垂下来。苏菲不知道黑头发是否代表对彭斯特梦夫人的敬意。她同意彭斯特梦夫人的看法,黑头发更适合哈尔,衬托出他晶莹剔透的绿眼睛。不过她更想知道这身黑衣服是哪套衣服变的。

哈尔又凭空变出一张黑色纸巾,用它来挖鼻孔。窗户嘎吱作响。他从长椅上拿起面包和蜂蜜,招呼人形狗过去。人形狗一脸疑惑。"我只是想你过来让我好好看看。"哈尔哑着嗓子说——他的感冒还是很严重,"过来,狗狗。"人形狗不情愿地爬到屋子中间。哈尔又补充了一句,"你不会在浴室里找到那一件衣服的,偷窥狂太太。我再也不会让你的手碰到我任何一件衣服上了。"

苏菲停下偷偷摸摸去浴室的脚步,看到哈尔在人形狗周围走来走去,吃着面包和蜂蜜,偶尔擤个鼻涕。

"你们觉得这样伪装怎么样?"哈尔问。他把黑色纸巾扔给卡西法,然后往前趴下去,用手和膝盖撑住地。他瞬间就消失不见了,再次出现时已经是一条红色卷毛猎犬,就和人形狗一模一样。人形狗完全震惊了。他本能地冲上去,竖起颈毛,垂下耳朵,发出低沉的怒吼。哈尔也开始打闹——也许他具有了同样的本能。两只完全一样的狗互相追逐,它们瞪着眼狂吠,身上的毛竖起来,准备大战一场。

苏菲抓住一条狗的尾巴,她以为那是人形狗。迈克尔抓住另一条,他认为那是哈尔。哈尔变回人形,苏菲发现一个又高又黑的人影站在自己面前,赶紧松开拽在哈尔外套上的手。人形狗坐回迈克尔的脚边,悲伤地凝视着这一切。

"很好。"哈尔说,"我连狗都能骗过,一定可以瞒过别人的眼睛。没人会在葬礼上留意一只对着墓碑抬腿的流浪狗。"他走向大门,把门把手转到蓝色朝下。

"等等。"苏菲说,"如果你伪装成一条红色长毛猎犬去参加葬礼,又为什么要费那么多力气让自己穿一身黑呢?"

哈尔抬起下巴,表现出高贵的样子。"向彭斯特梦夫人表示敬意。"他说着打开门,"她喜欢注重细节的人。"哈尔走进了泊特港的街道。

第十六章

有史以来最精彩的斗法

几个小时过去,人形狗又饿了,苏菲和迈克尔也打算吃午餐。苏菲拿起平底锅走到卡西法身边。

"你们为什么就不能吃一次面包和奶酪这样的冷餐呢!"卡西法发着牢骚。

不过他还是像往常一样低下头,苏菲刚把平底锅放到卷曲的绿色火焰上,哈尔嘶哑的声音就不知道从哪儿冒了出来。

"你自己当心,卡西法!她找到我了!"

卡西法突然蹿起来,平底锅落在苏菲的膝盖上。"你等一会儿!"卡西法发出低沉的怒吼,刺眼的火焰直冲到烟囱里。几乎是一瞬间,他变得模糊起来,火焰里浮现出十几个蓝脸。他像在被人剧烈地摇晃,燃烧时发出巨大而嘶哑的呼呼声。

"看样子他们有一场恶斗。"迈克尔小声说。

苏菲一边吮吸着烫伤的手指,一边用另一只手捡起掉在裙子上的培根,她目不转睛地盯着卡西法。卡西法在壁炉里飞快地横冲直撞。他模糊的蓝脸从深蓝变成了天蓝，最后几乎全白了，所有的橙色眼睛都变成了银色。这是苏菲做梦都想象不到的场面。

有东西从头顶掠过，伴随着爆炸声和轰鸣声，屋子里的东西摇摇晃晃。另一个东西紧随其后，发出一声长长的凄厉的尖叫。卡西法几乎变成了蓝黑色，苏菲的皮肤在魔法的冲击下发出噼噼声。

迈克尔爬到窗户上："他们离这儿很近！"

苏菲也蹒跚地走到窗口。魔法的威力把屋子里的东西弄得一团糟。骷髅头的下巴颤抖，不停地在桌子上打转。小纸袋子们跳来跳去，罐子里的粉末在咕嘟冒泡。架子上的书重重地落在地板上摊开，书页来回翻动。屋子的一头，香喷喷的水蒸气从浴室里弥漫出来；另一头，哈尔的吉他发出不着调的哐哐声。卡西法比之前冲撞得更厉害了。

迈克尔把骷髅头放到水槽里，免得它落到地上。他打开窗户伸长脖子往外张望，却什么也看不见，急得像热锅上的蚂蚁。住在对面的人纷纷出现在门口和窗边，对天上的什么东西指指点点。苏菲和迈克尔冲到扫帚柜，每个人找出一件天鹅绒斗篷披上。苏菲拿到的是把人变成红胡子男人那件。现在她终于明白卡西法为什么会笑成那样——迈克尔变成了一匹马，可现在没时间嘲笑他。苏菲拉开门冲到大街上，后面跟着人形狗，他似乎异常淡定。迈克尔小跑着跟出来，并不存在的马蹄发出嗒嗒声，留在他们身后的卡西法由蓝变白。

大街上人山人海，大家都争相往天上看，没人留意一匹马从房子里跑出来这种事。苏菲和迈克尔也抬头望天，只见一朵巨大的云在烟囱上面翻滚蒸腾，那是一朵急速旋转的乌云。一束白色的亮光刺穿黑暗的云层，也许并不是一道光。迈克尔和苏菲刚站稳脚跟，魔法云团突然变得模糊，形状像缠斗在一起的蛇。紧接着，云一分为二，发出巨型猫打架似的声响。其中一团发出哀号，越过屋顶冲向大海，另一团则尖叫着追赶。

一些人吓得躲进屋里，迈克尔和苏菲跟着胆大的人一起匆匆下坡，赶往码头。似乎每个人都认为站在弧形的防波堤观战会是最佳视角。苏菲也蹒跚着往下走，不过已经没必要走到港务长的港口小屋了。从防波堤看去，那两朵云悬在空中，离海还有一段距离。寂静的蓝天上仅有两朵云，实在是太显眼了。同样显眼的还有它们之间的一块深色斑点，那是肆虐的暴风雨，掀起惊涛骇浪。一艘倒霉的船被卷了进去，桅杆来回晃动，浪花从四面八方拍打在船身上。船员们拼命收起船帆，可至少有一面船帆已经被撕成灰色的破布条。

"他们就不能放过那条船吗？"有人愤愤不平地说。

狂风骤雨里的海浪拍打着防波堤，溅起白色水花。堤上那些胆大的人慌作一团，匆忙退到码头边。停泊在那里的船随着海浪上下起伏，嘎吱作响。在这片混乱中，有人在用歌唱般的声音高声尖叫。苏菲把脸伸到风中，尖叫声就是从小屋的另一边传来的。看样子被肆虐的魔法惊扰的不仅有大海和可怜的船只，还有一群湿漉漉、滑溜溜，有着绿褐色长头发的女人。她们一边惊叫着往防波堤上爬，一边用长长的湿手臂从波涛里拉出更多同类。她们都没有腿，只有一条鱼尾巴。

"该死!"苏菲说,"诅咒里的美人鱼!"也就是说,只剩两件不可能的事没有实现了。

她抬头望着天上的两朵云。哈尔跪在左边的那一朵上,比她想象的更大,也更近。他一袭黑衣,正转过头盯着发狂的美人鱼。这还真是他一贯的德行,他看她们的样子就像完全忘记了那是诅咒中的一条,已经应验了。

"专心对付荒野女巫!"苏菲身边的那匹马大喊。

荒野女巫现出人形,站在右边的云上。她穿着一件火红的袍子,衣袂飘飘,红头发在风中飞扬。她举起手臂准备施展法术。就在哈尔回头的一瞬间,她的手臂落下来。哈尔的云喷出玫瑰色的火焰,热气席卷整个港口,堤上的石头直冒水汽。

"没事吧!"马倒吸一口凉气。

哈尔被击落在船底下。船晃来晃去的,马上就要沉了。他攀着摇摇欲坠的主桅,看上去就像一个小黑点。哈尔恬不知耻地对荒野女巫挥手,示意她没有命中。荒野女巫立刻发现了他。云朵、荒野女巫,以及所有的一切瞬间变成了一只凶恶的红色大鸟,朝着船俯冲下来。

船消失了,只剩下晃动的水面。美人鱼凄厉地尖叫。大鸟俯冲的速度太快,根本停不下来。它一头扎进海里,溅起巨大的水花。

码头边的人大声欢呼。"我早就知道那不是一艘真的船!"有人在苏菲身后说。

"没错,那一定是幻觉。"马机智地说,"它太小了。"

就像是为了证明船并没有看起来的那么远,迈克尔话音未落，涌起的波浪就扑向了防波堤。几米高的浪头像一座绿色小山，一浪打过去，尖叫的美人鱼被扫进水中，停泊在港口的那些船只猛地翻了个身，砰地倒在港务长的小屋附近，在漩涡里团团打转。马从身体一侧伸出一只手臂，将苏菲拉到后面。苏菲在及膝深的浑浊水里大口喘气，人形狗在他们身边跳跃，水已经漫过了他的耳朵。

他们刚回到码头，第二波小山似的海浪又席卷而来，冲上了防波堤，港口的船只刚好被卷得直立起来。海浪里出现了一只怪兽。它是一种长长的、全身漆黑、长着爪子的生物，一半是猫，一半是海狮。它飞快地越过堤墙，朝港口冲过来。波浪拍打着港口，另一只怪兽出现了，长长的、矮矮的、全身覆盖着鳞片。它朝第一只怪兽追过去。

大家一看战斗还没有结束，急急忙忙蹚着水撤回港口的房子。苏菲先后被一条绳子和一个门槛绊倒，马伸出手臂把她拉起来。两只怪兽飞驰而过，水花四溅。一个浪头打在防波堤上，又出现了两只怪兽，和前面两只一模一样，只是有鳞片的离像猫的那只更近了。紧接着，下一个浪头又幻化出两只怪兽，比之前两只更近。

"怎么回事？"苏菲吓得尖叫。第三对怪兽跑过的时候，码头的石头都在颤动。

"幻觉。"迈克尔的声音从马的身体里传出来，"有一部分是幻觉，他们都想骗对方去追假的那一只。"

"怎么分清谁是谁？"苏菲问。

"不知道。"那匹马说。

一些围观者被怪兽吓得跑回家,另一些人跳到晃动的船上,远离码头。而苏菲和迈克尔加入最执着的观战者,跟在怪兽后面穿过泊特港的大街小巷。他们一开始沿着一条流淌着海水的小河走;接着追踪巨大潮湿的爪印;最后跟着怪兽用爪子在道路的石头上挖出的白色窟窿和抓痕,被一路带到城镇后面的沼泽地——那是苏菲和迈克尔追赶流星的地方。

此时,六只怪兽已经成了跳来跳去的小黑点,在远处消失了。人群站在岸边参差不齐地排成一排张望,既希望有更多好戏看,又害怕接下来发生什么坏事。等了好一阵,空旷的沼泽地上什么都没出现,也没有一点儿动静。就在一些人准备掉头回家的时候,所有的人开始惊呼:"看哪!"一个浅色的火球在远处慢慢升起来。它一定巨大无比,直到火球浓烟四散,人们才听到巨大的爆炸声。大家都被那声巨响吓得缩头缩脑。滚滚烟尘在沼泽地的迷雾里渐渐散去。他们继续围观,可除了风吹过草地的声音,周围一片宁静。过了一会儿,鸟儿又开始鸣叫。

"一定有一只被干掉了。"大家议论纷纷。人群逐渐散去,急匆匆地回去继续干活儿。

苏菲和迈克尔等到最后一刻,直到所有迹象都表明一切真的结束了。他们迈着沉重的步伐返回泊特港,两个人都不想说话,只有人形狗看上去兴高采烈。他欢快地走在旁边,苏菲敢肯定,他一定认为哈尔这下完蛋了。人形狗心满意足地经过哈尔房子前面的那条路,一只流浪猫正在过街,他发出兴奋的犬吠声,上去追赶。他一路追到城堡门口的台阶上,猫转过身盯着他。

"滚开!"猫喵喵地说,"别跟着我!"

狗退了回去,一脸羞愧。

迈克尔三步并作两步冲到门口。"哈尔!"他大喊。

猫缩成小猫崽的大小,一副可怜兮兮的样子。"你们俩看上去真可笑!"猫说,"快开门,我累坏了。"

苏菲打开门。猫爬进屋子,来到壁炉边,卡西法只剩下微弱的蓝色火焰。猫吃力地用前爪爬上椅子,慢慢变成哈尔的人形,他的背比猫弓得更厉害。

"你把荒野女巫干掉了吗?"迈克尔焦急地问,他脱下斗篷变回原样。

"没有。"哈尔说,他瘫在椅子上,看上去十分疲惫,"我感冒了,还遇上这种事!"他嘶哑地说,"苏菲,看在老天爷的分上,麻烦你把可怕的红胡子取下来,然后从柜子里拿一瓶白兰地——除非你自己把它喝光了,往瓶子里偷偷灌的是松节油。"

苏菲取下斗篷,找出白兰地和杯子。哈尔就像喝水一样一口气喝完。他又倒了第二杯,自己没有喝,而是倒给了卡西法。卡西法燃烧着发出咝咝声,似乎感觉好多了。哈尔又倒了第三杯,靠在椅子上慢慢喝。"别站在那儿盯着我!"他说,"我不知道谁赢了。荒野女巫很难对付,她全靠她的火魔。不过我们也给了她一些颜色瞧瞧,是吧,卡西法?"

"它老了。"卡西法在木柴下面发出虚弱的咝咝声,"我更强壮,可是它经验丰富。荒野女巫和它在一起已经上百年了,它几乎要了我的命。"他咝咝地说,然后爬到木柴上嘀咕,"你应该提醒我的！"

"我提醒过了，你这个老骗子！"哈尔疲倦地说，"你知道的根本就不比我少。"

哈尔躺着喝白兰地，迈克尔找出面包和香肠给大家吃。食物让大家恢复了元气，只有人形狗无精打采，似乎没想到哈尔居然能回来。卡西法熊熊燃烧，恢复成平时蓝色的样子。

"这样可不行！"哈尔说着猛地站起来，"迈克尔，赶紧地。荒野女巫知道我们住在泊特港，现在我们不仅要移动城堡和金斯伯里的入口，还必须把卡西法转移到帽子店的房子里。"

"转移我？"卡西法噼里啪啦地说，他惊慌失措，变成了蔚蓝色。

"没关系，"哈尔说，"你可以在齐坪镇和荒野女巫之间二选一。不去就拉倒，别太勉强。"

"该死！"卡西法哀号着，一头钻到炉膛底下。

第十七章

移动城堡忙着搬到新家

哈尔充满了干劲儿,就像他刚刚休整了一个星期。要不是苏菲在一个钟头之前目睹了那场激烈的魔法大战,她简直难以置信。哈尔和迈克尔跑来跑去,互相高喊着告诉对方测量的结果,用粉笔在放了金属支架的地方标上奇怪的记号。他们似乎在每个角落都标上了记号,连后院也不放过。苏菲楼梯间的小窝和浴室里奇形怪状的天花板给他们添了不少麻烦。苏菲和人形狗被赶过去赶过来,最后彻底被撵到边上。迈克尔在地上爬来爬去,用粉笔画出一个圆圈,又在里面画了一个五角星。

迈克尔拍打着膝盖上的灰尘和粉笔灰。哈尔还在东奔西跑,他的黑衣服上沾满了白色印迹。苏菲和人形狗又被赶到了一旁。哈尔爬来爬去,在五角星和圆圈的内外都标上记号。苏菲和人形狗坐在楼梯上,人形狗瑟瑟发抖,似乎很害怕这个魔法。

哈尔和迈克尔刚跑到后院,哈尔又返回来。"苏菲!"他大喊,"快说!我们的店里卖什么?"

"鲜花。"苏菲说,她又想起了费尔法克斯太太。

"太好了。"哈尔说完匆匆地拿着一桶涂料和一个小刷子走向门口。

他用刷子在桶里蘸上涂料,细心地把蓝色的把手刷成黄色。他又蘸了蘸,这一次刷子变成了紫色,他用来刷绿色的把手。第三次,刷子变成橙色,他刷在原来的红色把手上。哈尔没有碰黑色的把手。他转身准备离开,袖口和刷子却一起掉进了油漆桶。"真倒霉!"哈尔说着把袖子拉出来。飘逸的袖口变成了缤纷的彩虹色,哈尔抖了抖袖子,它又变回了黑色。

"这到底是哪件衣服?"苏菲问。

"我忘了。别打岔,现在是关键时刻。"哈尔匆忙把油漆桶放回架子,拿出一小罐粉末,"迈克尔!银铲子在哪儿?"

迈克尔从后院冲进来,拿着一个大大的、亮闪闪的铲子。铲子的手柄是木头做的,铲刀似乎是纯银打造的。"放在这儿!"哈尔说。

哈尔把铲子放在膝盖上,用粉笔在手柄和铲刀上做记号。他拿出罐子里的红色粉末撒在上面,又在五角星的每个角上撒了一些,剩下的全倒在中间。"退开,迈克尔。"他说,"大家站远点儿。你准备好了吗,卡西法?"

卡西法拖着一条长长的蓝色火焰从木柴里蹿出来。"完全准备好了。"他说,"你知道这可能会让我没命的,对不?"

"往好的方面想。"哈尔说,"没命的可能是我。抓紧了,一,二,三。"他缓慢而平稳地把银铲子伸进炉膛,和栅栏保持平行。他轻轻颠了几下，把它伸到卡西法下面，然后更加平稳而轻柔地抬起来。迈克尔屏住了呼吸。"成了！"哈尔说。木柴滚在一边，似乎不再燃烧。哈尔站起来转过身，举着装有卡西法的铲子。

房间里烟雾弥漫。人形狗哀鸣着、颤抖着。哈尔呛得直咳嗽，有点儿拿不稳铲子。苏菲的眼睛被烟熏出了眼泪，视线模糊。她只能看见卡西法没有脚，也没有腿——就像他之前说过的那样。他的蓝脸长长的、尖尖的，长在一个黑色块状物上。黑块前面有个凹陷，一眼看去，就像卡西法用小小的腿跪着。可苏菲知道并非如此，她看见那个黑块在轻微地摇晃，也就是说，它下面是圆的。卡西法显然很没有安全感。他的橙色眼睛因为恐惧睁得大大的。他不停地从两边喷出手臂形状的微弱火焰，徒劳地去抓铲子的边缘。

"很快就好了。"哈尔想安慰他，自己却被呛到了。他只好紧紧地闭上嘴，尽力忍住咳嗽。铲子摇摇晃晃，卡西法看上去吓坏了。哈尔平复下来，他小心地往前跨了一大步，踏进粉笔画的圆圈，然后又跨了一步，步入五角星的中心。他平举着铲子慢慢转身，转了整整一圈。卡西法也跟着旋转一周，他惶恐地盯着哈尔，变成了天蓝色。

整个房间也仿佛跟着他们在旋转。人形狗紧紧贴着苏菲，迈克尔跟跟跄跄。苏菲觉得大家就像被从这个世界给甩出去了一样，天旋地转，让人难受。她开始理解卡西法的恐惧。当哈尔慢慢地迈出一大步，跨出五角星和圆圈时，所有的东西都还在摇晃颠簸。他在炉膛边跪下来，小心翼翼地让卡西法滑进去,然后在他身边围上一圈柴火。卡西法喷出绿色的火焰,哈尔靠在铲子边直咳嗽。

房间停止了晃动。烟雾还没完全散去,苏菲惊讶地发现那是自己熟悉的客厅,是她出生的地方。就算地板上空空荡荡,墙上一幅画也没有,她也能一眼认出来。城堡的房间似乎想挤进这个客厅里,拉拉这头,扯扯那头,为自己带横梁的天花板降低层高,最后融合在一起重新变成城堡里的样子,只不过比之前的房间更高、更方正了。

"你还好吗,卡西法?"哈尔咳着问。

"我想是的。"卡西法说着升到烟囱里,经过铲子的搬运他似乎毫发未损,"不过你最好帮我检查一下。"

哈尔撑着铲子站起来打开门,门把手黄色朝下。门外是齐坪镇的街道,苏菲熟悉得不能再熟悉了。傍晚时分,她认识的人们纷纷从门前经过,在夏天,很多人喜欢在晚餐前出来溜达。哈尔对卡西法点点头,他关上门,将把手转动到橙色朝下,然后再次打开门。

一条宽宽的杂草丛生的路从门口延伸出去,斜阳洒在层层叠叠的树林上,美得像一幅画。远处宏伟的石头大门装饰着雕塑。"这是哪儿?"哈尔问。

"山谷尽头的空豪宅。"卡西法辩解道,"你让我去找一栋好房子,这栋就很不错。"

"它的确不错。"哈尔说,"我只是希望真正的主人不会介意。"他关上门,又把门把手转到紫色朝下,"现在是移动城堡的门。"他说着打开门。

天色将晚,一阵芬芳的暖风吹过。苏菲看到一大片深色的树叶飘落,夹杂着大朵的紫花。树叶慢慢地打着转飘走了,露出幽暗的白百合,远处的水面留下一抹落日的余晖。那里的香气令人沉醉,苏菲回到屋里半天才回过神来。

"不会吧,明天之前你的长鼻子都要离那里远点。"哈尔说着砰的一声关上了门,"刚好就在荒野边缘。干得漂亮,卡西法。很好。一栋好房子和很多花,圆满完成任务。"他扔下铲子上床去了。他一定精疲力竭,因为没有抱怨,没有大喊大叫,几乎连咳嗽都没有。

苏菲和迈克尔也累坏了。迈克尔一屁股坐在椅子上,他轻轻抚摸着人形狗,眼神呆呆的。苏菲坐在凳子上,她感到不可思议。他们搬家了。一切都原封不动,可是又有些变化,让人迷惑。移动城堡怎么会搬到荒野边缘呢?是咒语把哈尔推向荒野女巫吗,还是哈尔太想逃避了,结果事与愿违,变成了人们所谓的诚实?

苏菲想看看迈克尔有什么想法。可迈克尔睡着了,人形狗也一样。苏菲又看看卡西法,他睡眼蒙眬,在烧得通红的木头上摇曳,橙色的眼睛就快合上了。她回想着白色的卡西法和他白色的眼睛,又想到他在摇摇晃晃的铲子上焦虑的眼神,他的形状让她联想到了什么。

"卡西法,"她问,"你曾经是一颗流星吗?"

卡西法睁开一只橙色的眼睛看着她。"当然。"他说,"如果你猜到了,我就可以谈论这件事了,契约允许我这么做。"

"是哈尔抓住了你?"苏菲问。

"那是五年前的事了。"卡西法说,"在泊特港外面的沼泽地里。那时哈尔刚化名为魔法师杰肯,他穿着千里飞靴追赶我,我很害怕。总之我吓坏了,我知道陨落之后会死去,为了活下来我什么都愿意做。所以当哈尔承诺会让我像人一样活着时,我就立刻签订了契约。我们俩都不知道将来要面对的是什么。我心怀感激,哈尔这么做是因为他可怜我。"

"就像迈克尔一样。"苏菲说。

"什么事?"迈克尔被惊醒了,"苏菲,我真希望我们没住在荒野边缘。我不知道我们会到这里来,我觉得很不安全。"

"只要住在巫师的房子里,就没人是安全的。"卡西法深有感触地说。

第二天早上,门把手转到黑色朝下。让苏菲心烦的是,哪个地方的门都打不开,她想去看看那些花,不管什么荒野女巫不荒野女巫的。为了让自己平静下来,她打了一桶水,擦洗地板上的粉笔印。

她在干活儿的时候,哈尔进来了。"干活儿,干活儿,干活儿。"他说着从苏菲身边一脚跨了过去。他的样子有些奇怪。他的衣服还是漆黑的,可头发却变浅了,看上去黑白分明。苏菲瞄了他一眼,想到那个诅咒。哈尔或许也想到了。他从水槽里捡起骷髅头,托在手里悲伤地说:"啊,可怜的尤力克[1]!她听到

---

1 这一句话出自莎士比亚戏剧《哈姆雷特》,是丹麦王子哈姆雷特对着一个骷髅头自言自语时的场景。尤力克(Yorick)原本是国王的小丑,哈姆雷特回忆起自己小时候骑在他背上听他讲笑话的欢乐时光,现在他却籍籍无名地死去,变成了白骨,由此感叹生命的无常。

了美人鱼的歌声,所以跟来了,丹麦有些什么不对劲[1]。我得了一场旷日持久的感冒,幸好我压根儿不是什么正人君子,从来都不是。"他咳得令人同情,但他的感冒已经开始好转,听起来没什么说服力。

苏菲和人形狗交换了一下眼神。他看着苏菲,眼神和哈尔一样悲伤。"你应该回到莱蒂身边。"苏菲低声对他说。"怎么了?"她问哈尔,"安格瑞亚小姐那边进展得不顺利吗?"

"糟透了。"哈尔说,"莉莉·安格瑞亚小姐真是铁石心肠。"他把骷髅头放回水槽,然后大声呼喊迈克尔,"吃饭了!干活儿了!"

吃过早餐,他们把扫帚柜里的所有东西都拿了出来。迈克尔和哈尔在墙上凿洞,粉尘从柜门里四溅出来,叮叮当当的敲击声也响个不停。最后他们一起叫苏菲过去。苏菲故意带上了扫帚。原来的墙上多了一个拱门,里面有通往店铺和房子的台阶。哈尔招手让她进去看看。店里空荡荡的,听得见回声,地板变成了黑白格子,就像彭斯特梦夫人的大厅一样。以前堆满帽子的架子上放着一个花瓶,插着绸缎般质感的玫瑰和一小把丝绒质感的野樱草。苏菲意识到哈尔希望自己表扬他,可她故意保持沉默。

"花是我在后面的工棚里发现的。"哈尔说,"过来看看外面。"

他打开对着街道的门,店铺的门铃丁零零地响起来,那是

---

[1] 原文"Something is rotten in the state of Denmark",是《哈姆雷特》中一名士兵见到国王的鬼魂之后说的话。

苏菲从小听到大的声音。苏菲蹒跚地走到清晨空无一人的街上。店铺的前门新漆上了黄色和绿色,窗户上用花体字写着:H. 杰肯花店。每日供应鲜花。

"你现在改变主意,想用普通的名字了吗?"苏菲问。

"只是为了伪装。"哈尔说,"我更喜欢彭德拉根。"

"上哪儿去找鲜花?"苏菲问,"你总不能这么宣传,然后卖帽子上的蜡质玫瑰吧。"

"等着瞧。"哈尔说,他一头扎回了店铺。

他们在苏菲打了一辈子交道的后院进进出出。哈尔城堡里那个后院也在这里,所以它现在的面积只有原来的一半。苏菲抬起头,目光越过哈尔后院的砖墙,望着自己的老房子。它装上了哈尔卧室的新窗户,看起来怪怪的。当苏菲想到从哈尔的窗户望去,并不会看见她眼前的场景时,她觉得更古怪了。她看见自己以前的卧室窗户就在店铺上面,这更让她产生了一种奇异的感觉,因为现在似乎怎么也上不去了。

苏菲继续缓慢地走着,跟哈尔进了屋,踏上通往扫帚柜的台阶,她意识到自己刚才有些过分——毕竟她在这种情况下见到故居,心里难免五味杂陈。"我觉得那很不错。"她说。

"真的吗?"哈尔冷冷地答道。她伤害了他的感情。他是多想得到赞美啊,苏菲想,她叹了口气。哈尔走到城堡门口,把手转到紫色朝下。可她觉得自己从来没有表扬过哈尔,也没有表扬过卡西法,没有理由现在要这么做。

门开了。鲜花盛开的灌木丛在轻轻地移动,然后停下来让苏菲步入其中。长长的青草在灌木丛中铺起通往四面八方的小路。哈尔和苏菲走了最近的一条，城堡跟在他们后面，花瓣散落一路。虽然城堡又高又黑，奇形怪状，还从塔楼里喷出烟来，放在这个地方却也没有格格不入。这一定是用了魔法，苏菲想，总之城堡在这里看上去还算和谐。

空气炎热潮湿，花香扑鼻。这里有成千上万种花，散发出来的香气让苏菲想起了哈尔的浴室，她差点脱口而出，可又硬生生地咽了回去。此处真是美不胜收。灌木丛间开满了紫色、红色和白色的花朵，湿漉漉的草地上也全是花：粉色三瓣花、大三色堇、野生夹竹桃、各种颜色的羽扇豆、橙色百合、高大的白百合、鸢尾，数也数不清。有花大得可以用来装饰帽子的藤蔓，还有矢车菊、罂粟花等各种形状奇怪的植物，颜色奇怪的叶子。虽然这和苏菲梦想中费尔法克斯太太的花园有些出入，但她还是忘记了烦恼，变得开心起来。

"你看，"哈尔说，他抬起一只手臂，黑色的衣袖惊扰了几百只在黄色玫瑰上享用盛宴的蓝蝴蝶，"我们每天清晨都可以采一大束带着露珠的鲜花拿到齐坪镇上去卖。"

在绿色草坪的尽头，草地踩上去变得深一脚浅一脚。灌木丛下面长着许多兰花。哈尔和苏菲面前突然出现一个雾蒙蒙的池塘，里面开满了睡莲。城堡绕着池塘，漫步到另外一条路上去，那里又有许多不同的花。

"要是你一个人来这里，记得用拐杖探探路。"哈尔说，"这里到处都是温泉和沼泽，不要越过那里。"

他指着东南方，太阳在迷雾中像一个刺眼的白色圆盘。"那边就是荒野，非常炎热荒凉，随处都可能碰上荒野女巫。"

"是谁在荒野边缘种了这么多花？"苏菲问。

"巫师苏里曼一年前开始种的。"哈尔说着朝城堡的方向转身，"我猜他是想让荒野开满鲜花，以此除掉荒野女巫。他将温泉引到地面上，让它自然灌溉。他做得很不错，直到荒野女巫抓住了他。"

"彭斯特梦夫人提到他时好像说的是另一个名字。"苏菲说，"他和你是从一个地方来的，对吗？"

"多少算是吧，"哈尔说，"不过我从没见过他。几个月之后，我到这里继续做他未完成的事，因为这看上去是个好办法。我就是这样遇到荒野女巫的，她阻止我这么做。"

"为什么？"苏菲问。

城堡在等他们。"她喜欢把自己想象成一种花。"哈尔说着打开门，"一朵荒野里孤芳自赏的兰花，真可悲。"

苏菲又看了看花海，那是成千上万朵玫瑰。她跟着哈尔回到屋里："难道荒野女巫不知道你在这里吗？"

"我总是出人意料。"哈尔说。

"那你会去找贾斯汀王子吗？"苏菲问。可是哈尔又溜了，他冲进扫帚柜，大声呼喊迈克尔。

第十八章

稻草人和安格瑞亚小姐

第二天,花店开业了。就像哈尔说过的那样,一切都简单得不能再简单了。每天清晨,他们只需要打开门把手紫色朝下的门,在绿意朦胧的晨雾里采花。这已经成了他们的日常。苏菲拄着拐杖,拿着剪刀,她用拐杖在泥泞的草丛里探路,钩下高处的玫瑰,不时和拐杖说说话。迈克尔发明了一个装满水的锡桶,可以飘在空中跟着他穿过灌木丛,他对此很是得意。人形狗在湿漉漉的草地上撒欢儿,追逐蝴蝶,捕捉花丛里的蜂鸟。苏菲剪下一束束长茎的鸢尾、百合,叶子细长的橙花或蓝色木槿,迈克尔则用兰花、玫瑰、满天星、鲜艳的朱红色花,以及任何他喜欢的东西装满锡桶。他们都很享受这段时光。

在灌木丛变得闷热之前,他们已经带着鲜花回到了店里。他们把花插在各式各样的罐子和水桶里,那都是哈尔从后院找出来的,其中有两个"水桶"是千里飞靴。哈尔已经对莱蒂彻底失去兴趣了,苏菲一边想,一边把剑兰插在里面。他现在根本不在乎苏菲会不会穿上那双靴子跟踪他。

他们采花的时候,哈尔几乎都不见踪影,门把手总是转到黑色朝下。他很晚才回来吃早餐,看上去心神不宁。他仍然穿着那身黑衣服,却死活不肯告诉苏菲是哪件衣服变的。"我在为彭斯特梦夫人服丧。"他只是这么说。如果苏菲或者迈克尔问他为什么总是在这段时间出门,哈尔会带着一种受伤的表情说:"如果你想和一名老师说话,你就得在上课之前逮到他。"接下来他会在浴室里待上两个钟头。

而这时候,苏菲和迈克尔会换上他们最好的衣服开门迎客。哈尔坚持要他们穿得体面,他说这样才能吸引顾客,苏菲则坚持让大家都系上围裙。刚开业那几天,齐坪镇的人只是朝橱窗里张望,并不进去。后来人们口耳相传,杰肯的店里有从没见过的奇花异草,店里的生意从此蒸蒸日上。苏菲打小就认识的那些人都来买花,这让她有一种奇异的感觉。没人认得苏菲,大家都以为她是哈尔的老母亲。可苏菲已经受够了当哈尔的老母亲。"我是她的姨妈。"她告诉塞萨利太太。于是人们开始叫她杰肯姨妈。

当哈尔系着和衣服相配的黑围裙出现时,店里总是很忙。他一来更是忙得不可开交。苏菲开始怀疑那身黑衣服是否就是施了吸引咒的灰红色套装。哈尔接待的女士都至少会多买两倍的花。更过分的是,哈尔往往会施展魅力让她们买下十倍的花。没过多久,苏菲发现女士们会先在门外瞥一眼,要是哈尔在店里,她们就索性不进去了。苏菲并不怪她们。如果你只是想在纽扣眼里插上一朵玫瑰,肯定不想莫名其妙地买下三打兰花。所以每当哈尔在后院对面的工棚待上几个钟头,苏菲就由他去了。

"我先告诉你吧,免得你瞎猜,我在建一道防御。"他说,"一旦弄好了,荒野女巫就再也无法闯进来了。"

卖剩的花是个大问题,苏菲不忍心看到它们一夜枯萎。她发现自己和花儿说话就能让它们保鲜,于是她经常和花聊天。她还让迈克尔帮忙制作了一个植物营养咒。她把水桶放在水槽里做实验,或者在以前装饰帽子的小阁楼里放上水罐。她发现这样能让花好几天都保持新鲜。于是她做了更多尝试。她从后院搜集了一些煤灰,把植物种在上面,然后喃喃自语。她用这种方法居然培育出了一朵蓝玫瑰,这让她大喜过望。花苞一开始是黑色的,随着花朵绽放,它变得越来越蓝,直到成为和卡西法一样的蓝色。苏菲高兴极了,她把装在横梁上袋子里所有的种子都拿出来做实验。她觉得这是一生中最开心的时光。

可实际上并不是这样,苏菲总觉得有些不对劲,自己也说不上来。她有时候想,也许是因为齐坪镇上的人没有把她认出来。她不敢去见玛莎,怕连玛莎都认不出自己。她也不敢把千里飞靴里的花拔出来,穿上它去找莱蒂。她无法接受两个妹妹看到她变成老太婆的样子。

迈克尔经常带几束花去看玛莎,苏菲以为这才是根本原因。迈克尔是那么快乐,总是把她一个人留在店里。可似乎也不是这么回事,苏菲还挺喜欢一个人在店里卖花的。

也可能是卡西法的缘故。卡西法百无聊赖。他无所事事,除了让城堡在草地上稍微动一动,绕着池塘和湖泊走走,确保他们每天都去一个新地方采摘不同的花。每当迈克尔和苏菲带着鲜花回来，卡西法总是迫不及待地把蓝脸伸出炉膛。"快让我看看是什么样的。"他说。苏菲把带着香气的叶子扔进去烧，城堡房间里的香味变得比浴室还浓。可是卡西法说，他最想要的是陪伴。他们总是成天待在店里，把他一个人留在这儿。

苏菲让迈克尔每天上午在店里至少工作一个钟头，好让她抽空陪卡西法聊天。为了让卡西法有事可做，她还发明了猜谜游戏。可卡西法还是高兴不起来。"你什么时候解除我和哈尔的契约？"他问得越来越频繁。

苏菲总是敷衍。"我已经在想办法了，"她说，"就快了。"其实并非如此，除非万不得已，她不会去想这件事。当她把彭斯特梦夫人、哈尔和卡西法的话联系在一起时，她觉得契约解除之后会发生可怕的事。她可以确定，一旦契约解除，哈尔和卡西法都会没命。哈尔也许是自作自受，可卡西法是无辜的。哈尔似乎已经在努力想办法逃脱荒野女巫的诅咒，苏菲决定先袖手旁观，除非有她帮得上忙的地方。

有时候，苏菲又觉得是人形狗让她情绪低落。人形狗总是一脸悲伤，每天早上在青草地和灌木丛里追逐嬉戏就是他唯一的快乐。余下的时候他总是迈着沉重的步伐跟在苏菲后面，深深地叹息。可苏菲对他的事也无能为力。苏菲很庆幸仲夏节快到了，天气一天比一天热，人形狗只好待在后院的阴凉处喘气。

这段时间，苏菲种下的根茎也产生了神奇的变化。洋葱长成了小棕榈树，结出带有洋葱香味的坚果。而另外一种根长出了粉色向日葵。只有一种根生长得很慢，当它终于吐出两片圆圆的绿叶时，苏菲已经迫不及待想看到它开花的样子了。第二天，它看起来像是一株兰花，尖尖的叶子上有淡紫色的斑点，中间长长的茎上有一个大大的花苞。又过了一天，苏菲顾不上把锡桶里的鲜花拿出来，就先急着去小阁楼看它怎么样了。

花苞打开了，是一朵粉色的花，看上去像一朵被碾压过的兰花。它扁扁的，与茎相连的地方有个小圆点。四片花瓣从中间鼓起的地方展开，有两片往下垂，另外两片往两边伸展。正当苏菲看得入迷，一阵浓烈的花香告诉她，哈尔进来了，此刻就站在自己后面。

"这是什么?"他问,"如果你想要一株紫外线紫罗兰,或者红外线天竺葵,那可就搞错了,疯狂科学家太太。"

"这朵花看上去像个被压扁的婴儿。"迈克尔也凑过来看热闹。

还真像那么回事。哈尔惊恐地看了迈克尔一眼,他把花连盆端起,又将花拔出来放在手里,仔细地把白色的根须、煤灰和剩下的肥料拨开,直到找到苏菲种下的那块褐色分叉的根。

"我早该猜到的,"他说,"这是曼陀罗的根。苏菲又闯祸了,你还真有两下子,是不是,苏菲?"他小心地把植物放回去递给苏菲,脸色苍白地离开了。

如此一来,几乎所有的诅咒都实现了。苏菲一边想一边把鲜花放到店铺的橱窗。曼陀罗的花真的孕育了一个孩子,那么只剩下一样东西了:一颗诚实的心。苏菲想,如果这意味着哈尔的心必须是忠诚的,说不定这个诅咒永远不会成真。她告诉自己,哈尔这是活该,谁让他每天早上穿着吸引人的衣服去找安格瑞亚小姐呢。不过她还是感到担心和自责。她在千里飞靴里放入一束白百合,爬到橱窗上把它摆好。这时她听到街上传来一阵有规律的咔嗒、咔嗒的声音,那不像是马蹄声,更像棍子敲在石头上的声音。

苏菲还没往窗户外看,她的心就猛地一沉。不用说,是那个稻草人来了。它目标明确,慢慢地从大街中间跳过来。它张开手臂,上面的烂布条变得更脏、更破旧了,大头菜脸上带着坚决的表情,就像哈尔把它赶走之后它就一直这样跳着来到这里。

苏菲不是唯一受到惊吓的人,几个早起的行人吓得夺路而逃。稻草人并不理会,继续往前跳。

苏菲藏起来。"我们不在这儿!"她小声地说,"你不知道我们在这里!你找不到我们!快跳到一边儿去!"

稻草人跳跃的咔嗒声在店铺附近慢了下来。苏菲想向哈尔呼救,可她只能一直重复着说:"我们不在这儿,快走开!"

稻草人就像听见了她的话一样很快跳走了,它经过店铺,继续往齐坪镇里跳。苏菲以为自己快晕过去了,可看样子只是因为她屏住了呼吸。她深吸一口气,感到轻松多了。如果稻草人回来,她就再把它念叨走。

苏菲回到城堡的时候,哈尔已经出门了。"他看起来挺难过的。"迈克尔说。苏菲看着大门,把手被转到黑色朝下。他难过不到哪儿去!她想。

迈克尔也出门去塞萨利的店了。那天早上,苏菲一个人在店里。天气炎热,就算有咒语的加持,花儿还是蔫蔫的,没几个人想买。再加上曼陀罗的根和稻草人的事也一股脑儿涌上心头,苏菲的心情坏到了极点。

"可能是哈尔的诅咒在附近游荡。"苏菲叹息着对花儿倾诉,"不过我想一定是因为我是老大,真的。看看我这副模样!我想出去闯闯,谁知道又回到了原点,还变得这么老!"

人形狗把他光滑的红鼻头从后院的大门伸进来,发出哀怨的叫声。苏菲叹了口气。这家伙每隔一个钟头就要来看看她。"是的,我一直在这里。"她说,"我还能到哪儿去?"

人形狗进入店铺。他坐起来,僵硬地伸出前爪。苏菲知道他想变成人形。可怜的东西。她尽量对他好一点儿,因为他的处境比自己糟得多。

"再加把劲。"她说,"用尽全力,你一定可以变成人的。"

人形狗伸展着把背挺直,使劲,再使劲。就在苏菲以为他要放弃或者就要往后摔一跤的时候,他努力用后腿站了起来,变成了一个姜黄色头发的男人,他心烦意乱。

"我嫉妒——哈尔。"他喘着气说,"那样做——那么容易。我是——篱笆里的狗——你帮了我。告诉莱蒂——我认识你——我会一直看守。我来过——这里——"他又弓起身子,烦躁地号叫,"和荒野女巫一起在店里!"他哀号一声,手趴到地上,同时长出大量灰白色的毛。

苏菲望着眼前这只大大的长毛狗。"你和荒野女巫一起来过这里!"她现在想起来了,他是那个焦虑的黄头发男人,曾经惊恐地盯着她,"那么说,你知道我是谁,还知道我被施了咒。莱蒂也知道吗?"

乱蓬蓬的大脑袋点了点头。

"她叫你盖斯顿。"苏菲记起来,"哦,我的朋友,荒野女巫对你太狠了！这种天气还有那么多长毛！你最好找个凉快的地方待着。"

狗点了点头，垂头丧气地拖着步子回到后院。

"可是莱蒂为什么让你来？"苏菲很迷惑。这个发现让她心乱如麻。她走上台阶，穿过扫帚柜去找卡西法。

卡西法也帮不上什么忙。"就算有人知道你被施了咒也无济于事。"他说，"你也解不开人形狗身上的咒，不是吗？"

"话是这么说，可是——"苏菲刚要解释，就在这时候，城堡的门开了。苏菲和卡西法循声望去，门把手仍然在黑色朝下的位置，他们都以为走进来的是哈尔。很难说他们双方谁更惊讶，那个小心谨慎、偷偷溜进来的人居然是安格瑞亚小姐。

安格瑞亚小姐也很震惊。"哦，我很抱歉！"她说，"我以为杰肯先生在这儿。"

"他出门去了。"苏菲冷冷地说。她很疑惑，如果哈尔没有去见安格瑞亚小姐，那他究竟去哪儿了。

安格瑞亚小姐松开抓着门的手，门半开着，外面是虚空。她一脸恳求地走向苏菲。苏菲不由自主地站起来朝屋子中间走去，就像要挡住安格瑞亚小姐的路。"求求你，"安格瑞亚小姐说，"别告诉杰肯先生我来过。我对你实话实说，我让他抱有希望，只是想知道我未婚夫的下落——你知道的，本·萨利文。我很确定，本消失的地方和杰肯先生每次消失的地方是同一个，只是本没有回来。"

"萨利文先生不在这里。"苏菲说。那是巫师苏里曼的名字！我一个字都不会相信，她想。

"哦，我知道。"安格瑞亚小姐说，"可应该就是这个地方。你介意我稍微地参观一下，看看本现在的生活环境吗？"她将乌黑的头发撩到耳后，想往房间里走。苏菲挡住了去路，安格瑞亚小姐只好恳求着，轻手轻脚地从旁边走到工作台。"真是稀奇古怪！"她看着那些瓶瓶罐罐说。"真是个有趣的小镇！"她又从窗户往外看出去说道。

"这是齐坪镇。"苏菲说着走过去，把安格瑞亚小姐赶回门口。

"那些楼梯通往哪里？"安格瑞亚小姐问，她用手指着楼梯间打开的门。

"哈尔的私人房间。"苏菲不容置疑地回答，她让安格瑞亚小姐退回去。

"另一扇打开的门呢？"安格瑞亚小姐问。

"一间花店。"苏菲说。真是多管闲事！她心想。

这种情况下，安格瑞亚小姐要么坐下来，要么走人。她微微皱着眉头盯着卡西法，似乎不敢相信自己的眼睛。卡西法也盯着她，一言不发。这让苏菲为自己的无礼感到好受些。只有和卡西法合得来的人，才会在哈尔的房子里受到欢迎。

安格瑞亚小姐从椅子旁边绕过去，她注意到哈尔靠在墙角的吉他。她一声惊呼，一把拿起来把吉他紧紧抱在怀里。"你从哪儿找到的？"她用一种低沉的、饱含深情的声音问，"本有一把这样的吉他！这可能就是本的！"

"我听哈尔说，这是他去年冬天买的。"苏菲说。她往前走，想把安格瑞亚小姐赶到门口。

"本一定出事了！"安格瑞亚小姐哆嗦着说，"他绝不会扔下他的吉他不管的！他在哪儿？我知道他没死。如果他死了，我的心会有感应的。"

苏菲不知道该不该告诉安格瑞亚小姐，荒野女巫把巫师苏里曼抓住了。她看着放骷髅头的地方，一个念头闪过，她想用骷髅头在安格瑞亚小姐面前晃晃，告诉她这就是巫师苏里曼的。可惜骷髅头在水槽里，藏在一桶多余的蕨类植物和百合后面，如果她跑到那里去，安格瑞亚小姐一定又会趁机溜到别的房间里去，更何况那么做也太恶毒了。

"我能把吉他带走吗？"安格瑞亚小姐紧紧地抓住吉他，她用低沉嘶哑的嗓音说，"它让我想起本。"

安格瑞亚小姐的语气激怒了苏菲。"不行。"她说，"别无理取闹，你又不能证明这是他的。"她蹒跚着走到安格瑞亚小姐的身旁，一把抓住琴颈。安格瑞亚小姐睁大眼睛，痛苦地盯着她。苏菲用力一拉，可安格瑞亚小姐没有松手，吉他发出跑调又刺耳的响声。苏菲又使劲一拽，把吉他从安格瑞亚小姐手上夺回来。"别做傻事。"她说，"你不能随随便便闯进别人的城堡，拿走别人的吉他。我说过，萨利文先生不在这里。现在就回威尔士吧，走吧。"她用吉他把安格瑞亚小姐推到大门口。

安格瑞亚小姐回到那片虚空，身影慢慢消失。"您真狠心。"她责备地说。

"没错，我就是这种人！"苏菲说完重重地关上门。她把门把手转到橙色朝下，防止安格瑞亚小姐再次返回，又把吉他哐当一声扔回原来的角落。"你胆敢告诉哈尔她来过！"苏菲蛮不讲理地对卡西法说,"她一定是来找哈尔的,别的都是幌子。巫师苏里曼住在这里,那都是多少年前的事了。他没准儿就是被这女人可怕的声音吓跑的。"

卡西法咯咯直笑。"我还从没见过谁那么快就被赶出去的!"他说。

这话让苏菲觉得自己很刻薄,她感到惭愧。毕竟她自己也是这样闯到城堡里来的,而且她比安格瑞亚小姐还爱管闲事。

"唉!"她叹息了一声,跺着脚冲进浴室,在镜子里端详着自己衰老的脸。她拿起一个写着"皮肤"的盒子,又放了回去。她觉得就算自己恢复到年轻的容颜,和安格瑞亚小姐相比也差得远。"唉!"她又叹息了一声。"噢!"她蹒跚着快步走向水槽,拔出蕨类和百合,一路滴着水走回店里,把它们塞到施了营养咒的水桶里。"变成黄水仙[1]!"她不耐烦地用愤怒而嘶哑的声音说,"变成六月黄水仙,你这个坏东西!"

人形狗乱蓬蓬的脑袋刚从后院门里伸出来,一看到苏菲这副样子,他忙不迭地跑了回去。接着,迈克尔兴高采烈地带着一大块派走进来,苏菲瞪了他一眼,他立刻想起哈尔吩咐他做一个咒语,飞快地从扫帚柜那儿溜走了。

"哎!"苏菲在他身后吼道。她又对水桶弯下腰:"变成黄水仙!变成黄水仙!"她嘶哑地说。可她还是没觉得好受一些,她知道自己这么做很傻。

---

[1] 黄水仙(daffodil)是哈尔的故乡威尔士的民族象征。水仙的学名也叫narcissus,在希腊神话中是一个俊美少年,他因迷恋自己水中的倒影而溺亡,所以水仙花也象征着自恋。

第十九章

苏菲借狂洒除草剂发泄

哈尔直到傍晚才回家。他打开门,吹着口哨悠闲地走进来,似乎已经把曼陀罗根的事抛在了脑后。苏菲知道他没有去威尔士,心里却还是不痛快。她狠狠地瞪了哈尔一眼。

"我的天啊!"哈尔说,"你差点儿把我变成石头!出什么事了?"

苏菲吼道:"你穿的是哪件套装?"

哈尔低头看了看自己的黑衣服:"这很重要吗?"

"是的!"苏菲嚷嚷着说,"别拿服丧来搪塞我,到底是哪件?"

哈尔耸耸肩,提起一只飘逸的袖子,仿佛自己也忘了是哪一件,一脸困惑地看了半天。黑色的袖子开始褪色,从肩膀一直到下垂的尖袖口。袖子的上半截渐渐变成了褐色,又变成了灰色,尖尖的袖口却越来越黑。到最后,哈尔穿着有一只银蓝色袖子的黑衣服,袖口就像掉进了沥青。"这件。"他说完,黑色又扩散开来，回到他的肩膀。

不知怎的，苏菲却更恼怒了。她一言不发，一个人生闷气。

"苏菲！"哈尔又好气又好笑地说。

人形狗推开后院的门，拖着步子走进来。他从来不让哈尔和苏菲说太久的话。

哈尔看着他。"你又养了一只英国古代牧羊犬。"他似乎很高兴，终于可以转换话题了，"养两只狗可要耗费不少食物。"

"是同一只狗。"苏菲生气地说，"他被施了咒。"

"是吗？"哈尔说。从走到狗身边的速度来看，他很庆幸可以远离苏菲了。可这是人形狗最害怕的事，他赶紧后撤。没等他逃到门外，哈尔就跳起来用双手抓住他乱蓬蓬的长毛。"真的呢！"他跪下来看牧羊犬的眼睛。"苏菲，"他说，"你为什么不早点告诉我？这只狗是一个男人！他的情况很糟！"哈尔抓着狗，跪在地上转过身。苏菲看着哈尔晶莹剔透的眼睛，意识到哈尔真的生气了，非常生气。

很好。苏菲正想吵一架。"你自己不会看吗？"她说着瞪了回去，他敢再弄一次绿色黏液试试，"无论如何，这只狗不希望——"

哈尔气得一个字都听不进去。他跳起来，把狗从地砖上拖走。"要不是我心里有事，我早就该发现了。"他说，"来吧，我要把你带到卡西法面前。"狗用四肢死死地趴在地上。哈尔两腿分开支撑着自己，把狗往前拖。"迈克尔！"他大喊。

迈克尔一听不妙，赶紧飞奔过来。

"你知道这只狗是人变的吗？"哈尔一边问，一边让迈克尔帮他把这只重得像座小山一样的狗拖上楼。

"不会吧？真的吗？"迈克尔露出难以置信的表情。

"那么这不关你的事，是苏菲一个人的错。"哈尔说着把狗拖进扫帚柜，"只有苏菲能干出这种事！可你是知道的，对吗，卡西法？"他和迈克尔合力把狗拖到卡西法面前。

卡西法连连后退，直到抵在烟囱上。"你又没问过我。"他说。

"我还需要问吗？"哈尔说，"没错，我应该自己看出来！但你让我操碎了心，卡西法！看看荒野女巫是怎么对待她的火魔的，你的日子已经够好过了，我不求什么回报，只是希望你别什么事都瞒着我。你已经有两次让我失望透顶！现在立刻让这东西现出原形！"

卡西法变成少有的无精打采的蓝色。"好。"他闷闷不乐地说。

人形狗想逃跑，可哈尔用肩膀在他的胸口猛地一顶，他不得不用后腿站立起来。哈尔和迈克尔架住了他。"这个蠢货干吗还死撑着？"哈尔喘着粗气说，"感觉又像是荒野女巫搞的鬼，是不是？"

"没错，有好几个层次。"卡西法说。

"至少先把狗的部分剥离出来。"哈尔说。

卡西法一下子腾空升起，变成咆哮的深蓝色火焰。苏菲小心翼翼地从扫帚柜的门往里面看，长毛狗逐渐变成人形，又变成狗，反复几次之后越来越模糊，然后越来越清晰，最后终于变成一个穿着棕色套装、有姜黄色头发的男人。哈尔和迈克尔一人拽着他的一只胳膊,难怪苏菲之前没有把他认出来,他的脸毫无特点,只有焦虑的神情没有变。

"好了,你是谁,我的朋友?"哈尔问他。

男人抬起双手,颤抖地摸着自己的脸:"我——我也不知道。"

卡西法说:"他最近说的一个名字是帕西弗。"

男人看着卡西法,似乎不希望有人提到这件事:"是吗?"

"那么现在我们就叫你帕西弗。"哈尔一边说,一边让他坐在椅子上,"坐下吧,别紧张。告诉我们你还记得什么,看样子荒野女巫把你变成这样已经有很长一段时间了。"

"没错。"帕西弗说,他又开始揉自己的脸,"她拿走了我的脑袋。我——我记得它在一个架子上,看着我余下的部分。"

迈克尔吓坏了,难以置信地说:"可那样你就死了!"

"那可不一定,"哈尔说,"你没接触过那种法术。我愿意的话,也能把你身体的一部分取走,如果不出什么岔子,你也能活得好好的。"他对着曾经的人形狗皱着眉头,"不过我不确定荒野女巫是否把这一个弄对了。"

卡西法显然想向哈尔邀功,他说:"这个人不完整,他身上还有别人的部分。"

帕西弗看上去更忧心忡忡了。

"别吓唬他,卡西法。"哈尔说,"他已经够惨了。你知道荒野女巫为什么要拿掉你的脑袋吗,我的朋友?"哈尔问帕西弗。

"不知道。"帕西弗说,"我什么都不记得了。"

苏菲知道他在说谎,她哼了一声。

迈克尔突然灵机一动。他凑近帕西弗问道:"你对贾斯汀这个名字有印象吗——或者王子殿下?"

苏菲再次嗤之以鼻。她知道这很荒唐,果然,帕西弗说:"没有,荒野女巫叫我盖斯顿,可那也不是我的真名。"

"别逼他了,迈克尔。"哈尔说,"也别让苏菲再哼哼了。她正在气头上,说不定会把城堡掀个底儿朝天。"

哈尔的怒火已经消了,可苏菲比之前更生气了。她跺着脚走进店里,乒乒乓乓地收拾东西,关上店门。她去查看黄水仙,可一波未平一波又起,它们全变成了棕色,湿淋淋的,桶里溢出她从没见过的毒液。

"哦,真该死!"苏菲大喊。

"又怎么了?"哈尔说着来到店里,他弯腰看了看水桶,又闻了闻,"看样子是强效除草剂,用它清除大宅子路边的杂草怎么样?"

"求之不得。"苏菲说,"我正想大开杀戒!"她翻箱倒柜找出一个水壶,拿上水桶,跺着脚穿过城堡房间,然后猛地把门转到橙色向下,走到大宅子的车道上。

帕西弗紧张地抬头张望,于是大家塞给他一把吉他,就像拿一个小玩具安抚婴儿。他坐下来胡乱地拨弄琴弦,发出难听的哐哐声。

"你陪她一起去,帕西弗。"哈尔说,"她气得火冒三丈,怕是要把行道树都斩草除根。"

帕西弗放下吉他,小心地从苏菲手中接过水桶。苏菲走进夏日山谷尽头金色的黄昏。每个人都太忙了，到现在也没好好看看这栋豪宅，它比苏菲想象的还要气派。杂草丛生的露台边立着一排雕塑，台阶通往下面的车道。苏菲转身回望——假装催帕西弗跟紧点儿——她发现这栋房子非常大，屋顶上有更多的雕塑，窗户有好几排。可惜它有些荒废了。外墙斑驳脱落，长满了绿色的霉菌。大部分窗户也很破旧，原本靠墙折叠的百叶窗变得灰扑扑、皱巴巴的，从一侧掉下来。

"啊！"苏菲说，"我还以为哈尔至少会把这里变成能住人的地方，可他并没有！他忙着去威尔士！别愣在那儿，帕西弗！快把那玩意儿装进水壶，跟在我后面。"

帕西弗顺从地照办了。欺负他真没意思，苏菲怀疑这就是哈尔让他来的原因。她哼了一声，把怒火撒向杂草。无论杀死黄水仙的是什么玩意儿，它的确很有效，路边的杂草立刻就枯死了，附近的杂草无一幸免。

苏菲终于平静下来，黄昏抚慰了她。清新的风从远处的山峦吹来，大路两旁的树林发出沙沙声，令人陶醉。

苏菲一路除草，走到半路，帕西弗重新往水壶里装除草剂。"你还有很多事没说呢。"苏菲责备地说，"荒野女巫到底想从你身上得到什么？她当时为什么带你去帽子店？"

"她想知道哈尔的底细。"帕西弗说。

"哈尔？"苏菲说，"可是你并不认识他，不是吗？"

"不认识，可我一定知道什么，和她对哈尔的诅咒有关。"帕西弗解释，"我不清楚具体是什么，从店里出来之后她就把我的记忆消除了。我很自责，我本来不想告诉她真相，因为诅咒是很邪恶的。我那么做是因为当时心里想着莱蒂,她刚好浮现在我脑海里。我不知道是怎么认识她的,我去叠嶂谷的时候,莱蒂说从没见过我,而我却知道她所有的事——所以荒野女巫才来问我。我告诉荒野女巫,莱蒂在齐坪镇上的一家帽子店里,荒野女巫想去那里给我们俩一个教训。没想到你在店里,荒野女巫把你当成了莱蒂。我吓坏了,我不知道莱蒂还有个姐姐。"

苏菲拾起水壶,拼命泼洒除草剂,就像把杂草当成荒野女巫:"然后她就直接把你变成了狗?"

"那天刚一出城,"帕西弗说,"她大概已经从我这里得到了想要的信息,就立刻打开马车门说,'滚吧,需要的时候我再叫你。'我没命地逃跑,因为我知道有咒语在追我。它在一个农场里追上了我,那里的人眼看着我变成了一条狗。他们以为我是狼人,想把我杀掉,我迫不得已咬了一个人才脱身。可是我摆脱不了那根棍子,当我钻进篱笆,它把我卡住了。"

苏菲一边听,一边在路的另一侧除草:"然后你去找了费尔法克斯太太?"

"是的,我想去找莱蒂。她们俩都对我很好,"帕西弗说,"哪怕她们从没见过我。巫师哈尔一直去找莱蒂约会。莱蒂不喜欢他,想摆脱他,还让我咬他。直到哈尔突然开始向她打听你的事——"

苏菲的除草剂差点洒到鞋子上。地上冒出一缕青烟,要是洒到鞋子上可就糟了。"什么?"

"他说:'我认识一个叫苏菲的人,长得和你有点儿像。'

莱蒂不假思索地说:'那是我姐姐。'"帕西弗说,"她很担心你,哈尔一直在打听你的事。莱蒂说,她原本可以不说的。你去的那天她对哈尔很好,因为她想知道哈尔是怎么认识你的。哈尔说你是一个老太婆,费尔法克斯太太也说她见到了你。莱蒂大哭了一场,她说:'苏菲一定遭遇了可怕的事!最可怕的是,她在哈尔身边,却没有意识到危险。苏菲太善良了,她不知道哈尔是多么无情的人!'看到她那么伤心,我拼命变成人形,告诉她我会来找你,来保护你。"

苏菲把除草剂洒出去,划出一个大大的冒着烟的弧形:"多事的莱蒂!她的好意我心领了,我也一直为她担心,可我不需要看门狗!"

"你需要。"帕西弗说,"或者说,你曾经需要。我来得太迟了。"

苏菲转过身,把除草剂一股脑儿地洒过去。帕西弗跳进草丛,拼命跑到最近的一棵树后面。枯死的草在他身后留下一条长长的棕色痕迹。"所有人都该死!"苏菲大喊,"我受够你们每一个人!"她把冒着烟的水壶扔在路上,大步从杂草里穿过去,走向石头大门。"太迟了!"她一边走一边自言自语,"一派胡言!哈尔不仅无情无义,还无可救药!而且——我就是个老太婆!"

不过她也承认,自从移动城堡搬家之后,有些事就不对劲了,也许在搬家之前就这样了。这和苏菲无法面对两个妹妹有密不可分的关系。

"我对国王说的每一句话都是真的!"苏菲继续说。她想穿上千里飞靴一去不复返，告诉所有人哈尔的真面目。可怜的彭斯特梦夫人还期望苏菲能阻止哈尔变坏，谁在乎呢！苏菲自己就是个失败者，从成为三姐妹的老大就注定了。彭斯特梦夫人还以为苏菲是哈尔亲爱的老妈妈。不是吗？可她真的这么认为吗？苏菲不安地想，既然她受过专业训练的眼睛能发现被缝进衣服里的吸引咒，识破荒野女巫的咒语难道不是小菜一碟吗？

"哦，那件该死的灰红色套装！"苏菲说，"我一直不愿意承认自己也被它吸引了！"可问题是，银蓝色的外套似乎也有同样的功效。苏菲又跺着脚走了几步。"算了，"她释然，"反正哈尔也不喜欢我！"

这种自欺欺人的想法本来会让苏菲连夜出走，可是她突然感到极其不安，那是一种熟悉的感觉。咚、咚、咚的声音由远到近地传到她的耳朵，她站在斜阳下狠狠地盯着远方。来了，石头大门后面的路上远远出现一个身影，他张开手臂，跳呀，跳呀。

苏菲提起裙摆扭头就跑，身后尘土飞扬。帕西弗可怜兮兮地站在路中间，旁边放着水桶和水壶。苏菲一把抓住他，把他拖到最近的一棵树后面。

"出什么事了？"他问。

"嘘！那个该死的稻草人又来了。"苏菲深吸一口气，闭上眼睛。"我们不在这儿，"她说，"你找不到我们。走开，快走开。快！"

"可是为什么——"帕西弗说。

"闭嘴!不在这里,不在这里,不在这里!"苏菲绝望地念叨个不停。她睁开一只眼,稻草人就快到门柱了,它站在那里,有些拿不定主意。"这就对了。"苏菲说,"我们不在这里。快走开,快一倍,快三倍,快十倍。走开!"

稻草人迟疑了一会儿,用它的木棍转过身,回到来时的路。它跳了几步,然后大步向前,跳得越来越快,就像苏菲所说的那样。苏菲大气也不敢出,紧紧抓住帕西弗的袖子,直到稻草人完全在视线里消失。

"它怎么了?"帕西弗说,"为什么你不喜欢它?"

苏菲不由得打了个寒战。稻草人并没有走远,苏菲还不敢现身。她拾起水壶,踩着脚躲进大宅子。有什么东西吸引了她的注意。她抬头一看,在微风的吹拂下,长长的白色窗帘从一扇打开的法式落地窗里飘出来,就在露台雕塑的后面。此时,雕塑的石头已经变成雪白,窗户大多都装了窗帘,甚至还安了玻璃。百叶窗新刷上了白漆,整齐地折叠在两边。外墙刷成了奶油色,一点儿绿色霉菌和起泡都没有。黑漆的大门装饰着金色的蔓叶花纹,中间有一头镀金的狮子,嘴里衔着一个门环,简直就是一件精美的艺术品。

"啊!"苏菲称赞道。

她忍住了诱惑,没有去打开的窗户里查看,因为那样就中了哈尔的圈套。她径直走到大门口,抓住金色的把手,哗的一声推开门。哈尔和迈克尔正在工作台前面忙着捣鼓一个咒语。其中一部分咒语是修复这栋大宅子的,可是余下的部分,苏菲很清楚,那是某种窃听咒。看到苏菲闯进来,他们脸上流露出一丝紧张，卡西法立刻钻到了木柴下面。

"到我后面去，迈克尔。"哈尔说。

"窃听者！"苏菲大叫，"偷窥狂！"

"怎么了？"哈尔说，"你希望百叶窗也变成黑色配金色吗？"

"你这个不要脸的——"苏菲结结巴巴地说，"你听到的可不只这个！你——你——你多久之前就知道我——我是——？"

"被施了咒？"哈尔说，"好吧，现在——"

"我告诉他的。"迈克尔一边说，一边紧张地看了哈尔一眼，"我的莱蒂——"

"是你！"苏菲尖叫。

"另一个莱蒂也说出了这个秘密。"哈尔飞快地接过话，"你知道她说过，费尔法克斯太太那天也说了一大堆。有一阵似乎每个人都在告诉我这件事，甚至包括卡西法——是我问的他。难道你真的以为我的水平那么差，看不出那么强大的咒语吗？在你没留意的时候，我试了好几次想把它解开，可是都不奏效。我带你去彭斯特梦夫人那里，希望她能有办法，可她也无能为力。我得出一个结论，你喜欢这样伪装下去。"

"伪装！"苏菲大喊。

哈尔对她大笑："一定是这样，因为这是你自己造成的。"他说，"还真是奇怪的一家人！你的真名也叫莱蒂吗？"

这话让苏菲忍无可忍。帕西弗刚好提着半桶除草剂，一脸紧张地走过来。苏菲扔下水壶，一把抓过水桶朝哈尔扔过去。哈尔低头躲过，迈克尔也连忙闪开。除草剂嗞嗞作响，燃起一片绿色的火焰,从地板烧到天花板。水桶落入水槽,里面的花立刻枯萎了。

"嗷!"卡西法从木头下面钻出来说,"真厉害。"

哈尔小心地从冒着烟的棕色残留物里捡起骷髅头,用一只袖子把它擦干。"那还用说,"他说,"苏菲从来不做半吊子的事。"骷髅头重新变得白森森的,而哈尔那只袖子却变成褪色的银蓝色。哈尔把骷髅头放回工作台,故作伤感地看着自己的袖子。

苏菲真想一跺脚冲出城堡到大路上去,可是稻草人在外面。于是她跺着脚走到椅子旁,坐在那里生闷气。我再也不和他们任何一个人说话了!苏菲想。

"苏菲,"哈尔说,"我已经尽力了。你没发现最近身上的疼痛缓解了吗?你难道想一直这样下去?"苏菲没有回答。哈尔放弃了,他转向帕西弗。"太好了,你还有点儿脑子。"他说,"我很担心你。"

"我真的忘记了很多事。"帕西弗说,但他不再像个傻瓜似的。他拿起吉他调好音,吉他立刻发出动听的声音。

"真是可悲。"哈尔伤感地说,"我天生就是一个没有乐感的威尔士人。你全告诉苏菲了吗?你真的知道荒野女巫想找什么吗?"

"她想知道威尔士的事。"帕西弗说。

"我想也是。"哈尔冷静地说,"啊,好吧。"他走进浴室,在里面待了两个小时。帕西弗一边思索,一边慢慢地用吉他弹了好几首曲子,就像在回忆怎么弹琴。迈克尔在地板上爬来爬去，用一块冒着烟的破布擦掉除草剂。苏菲仍然一言不发地坐在椅子上。卡西法偶尔冒出头来看她一眼，又重新钻回木头底下。

哈尔走出浴室，衣服漆黑，头发雪白，全身笼罩在龙胆草香味的蒸汽里。"我很晚才会回来。"他对迈克尔说，"过了午夜就是仲夏节了，荒野女巫一定会有所行动，要注意防范，千万别忘了我告诉过你的事。"

"知道了。"迈克尔说着把冒着水汽的破布扔进水槽。

哈尔又转身对帕西弗说："我已经知道你身上发生了什么。让你恢复正常是件棘手的事，不过我明天回来会试一试。"哈尔往大门走去，他把手放在门把手上，却停下脚步。"苏菲，你还是不理我吗？"他伤心欲绝地问。

苏菲再清楚不过了，只要哈尔需要，他在天堂里也能装出一副可怜样。他只是想利用自己从帕西弗那里获取情报。"不！"她一声怒吼。

哈尔叹了口气走出大门。苏菲抬头看到把手转到黑色朝下。够了！她想，我才不管明天是不是仲夏节！我要离开这里！

第二十章

苏菲离开城堡阻碍重重

仲夏节的清晨,哈尔在天蒙蒙亮的时候进了门。他闹出的动静让苏菲从小窝里一下子坐了起来,还以为荒野女巫闯进来了。

"他们对我真不错,去玩都不带上我!"哈尔嚷嚷着。苏菲发现他只是在唱卡西法的平底锅之歌,于是又躺下去。结果哈尔刚从椅子上摔下来,又被凳子绊倒,凳子飞到房间的另一头。他打算从扫帚柜上楼,又想从后院走,似乎有些摸不着头脑。最后他终于找到了楼梯,只是没留意最下面的台阶,猛地摔了个嘴啃泥,整个城堡都在摇晃。

"出什么事了?"苏菲问,把头伸出楼梯栏杆。

"橄榄球俱乐部聚会。"哈尔无比自豪地说,"你一定不知道我念大学的时候是飞来飞去的后卫吧?鼻子太太?"

"我想你现在一定不记得怎么飞了吧。"苏菲说。

"我天生就有非凡的视力。"哈尔说,"我能看见别人看不到的东西。我要去睡觉了,你别打扰我。我知道过去的时光去哪儿了,还知道谁劈开了恶魔的脚。"

"快上床,傻瓜。"卡西法睡意蒙眬地说,"你喝多了。"

"谁,我?"哈尔说,"我向你保证,兄弟,我没醉。"他站起来,一边大步往楼上走,一边扶着墙,就像墙壁要从身边溜走一样。卧室门倒是从他身边溜了。"那是个弥天大谎!"他一边说一边往墙里走,"光荣的不诚实会拯救我。"他在墙上左冲右撞,好不容易摸进了卧室门,苏菲又听到他摔了好几次,抱怨床一直在躲他。

"真是无可救药!"苏菲说,她决定马上离开。

不巧的是,哈尔这一番折腾也吵醒了迈克尔和帕西弗——他在迈克尔的房间里打地铺。迈克尔提议,既然睡意全无,不如趁着天气凉快出门采花做仲夏节的花环。苏菲心想,再去荒野边缘采一次花也算了却了一桩心愿。花儿在乳白色的迷雾里若隐若现,香气袭人。苏菲一路用拐杖在泥泞的地上探路,一边聆听无数只鸟儿拍打翅膀的声音和悦耳的鸟鸣,她感到无比留恋。她抚摸湿润的绸缎般的百合,又碰了碰一朵花蕊细长、花瓣残缺的紫花。她转身回望,高大漆黑的城堡在身后吐着烟圈。苏菲不由得叹了口气。

"他让这里变得好多了。"帕西弗一边说,一边把一大捧木槿放进迈克尔飘浮的桶里。

"谁?"迈克尔问。

"哈尔。"帕西弗说,"这里一开始只有又小又干的灌木丛。"

哈尔的移动城堡

"你记起以前来过这儿了?"迈克尔兴奋地问。他还抱着一线希望,没准儿帕西弗真的是贾斯汀王子呢?

"我应该是和荒野女巫一块儿来的。"帕西弗犹豫着说。

他们采了足足两大桶鲜花。苏菲留意到进屋的时候,迈克尔把门把手转动了好几次。这么做一定是为了防止荒野女巫闯进来。接下来自然要做仲夏节花环了,这很耗费时间。苏菲本想留给迈克尔和帕西弗来做,可是迈克尔一直旁敲侧击地问帕西弗各种问题,而帕西弗动作又太慢,苏菲只好亲自动手做了大部分花环。苏菲知道迈克尔为什么那么感兴趣。帕西弗身上有种气息,就像会有什么事发生,苏菲不知道他身上还残留着多少荒野女巫的咒语。苏菲曾经考虑过留下来帮哈尔对抗荒野女巫,可现在这种想法都烟消云散了。哈尔动动手指就能做好所有的花环,可他这会儿还在打呼噜,声音大得在店里都能听见。

他们赶在开店之前做完了所有的花环。迈克尔为大家拿来面包和蜂蜜,他们一边吃,一边接待第一波蜂拥而至的顾客。每到逢年过节,天公总是不作美,连仲夏节也不例外。那天有些阴冷,不过大街上照样人山人海,半个齐坪镇的人都穿着节日盛装来买花和花环。顾客太多了,苏菲有机会开溜的时候已经是中午,她上楼穿过扫帚柜。今天赚了一大笔钱,迈克尔藏在炉膛石头下面的钱至少会增加十倍,苏菲一边想,一边把食物和旧衣服装进一个包袱。

"你是来和我聊天的吗?"卡西法问。

"等一会儿。"苏菲背着包袱穿过房间,她可不希望卡西法因为契约的事和自己纠缠不休。

她正准备伸手去够椅子旁边的拐杖，却听见有人敲门。苏菲愣住了，手停在半空，她用目光询问卡西法。

"是大宅子的门。"卡西法说，"是血肉之躯，没有危险。"

敲门声又响了。每次我要离家出走都遇到这种事！苏菲心想。她转动把手到橙色朝下，打开大门。

门口是一名高大的男仆，苏菲从他身边的缝隙里看过去，雕塑后面的车道上停着一辆马车，配有两匹好马。

"萨切夫瑞尔·史密斯太太来拜访新邻居。"男仆说。

真是太尴尬了！苏菲想，一定是新油漆和窗帘的缘故。"我们还没有——"她刚开口，萨切夫瑞尔·史密斯太太就把男仆推开，径直走了进来。

"在马车那里等，特波德。"她对男仆说完，从苏菲身边经过，收起太阳伞。

万万没有料到，萨切夫瑞尔·史密斯太太是芬妮——芬妮衣着华贵，她穿着奶油色的丝绸裙子，戴着装饰着玫瑰花的奶油色丝绸帽子。苏菲清晰地记得自己一边装饰那顶帽子，一边对它说："您一定会嫁给一个有钱人。"从芬妮的打扮来看，还真被她说中了。

"哦，天啊！"芬妮环视一周，"一定是弄错了，这是用人住的地方！"

"唔——嗯——我们还没完全搬进来，夫人。"苏菲说。她心想，要是芬妮知道以前的帽子店就在扫帚柜后面会作何感想？

芬妮转过身，对着苏菲惊呼一声，"苏菲！"她大喊，"哦，天啊，孩子，你到底怎么了？你看起来足足有九十岁！是不是生了一场重病？"出乎苏菲的意料，芬妮把帽子、太阳伞以及刚才的那番做派都扔到一边，双手环抱着苏菲，流下了眼泪。"哦，我不知道你遭遇了什么！"她抽泣着说，"我去找过玛莎，也写信问过莱蒂，她们都不清楚你的下落。她们交换了地方，真是傻姑娘，你知道这件事吗？可大家都对你的情况一无所知！我还在外面悬赏，谁知道你在这里当用人，你应该在我和史密斯先生位于山顶的豪宅里享福啊！"

苏菲发现自己也流泪了。她急忙扔下行李，让芬妮坐到椅子上，又拉过凳子坐在芬妮旁边，握着她的手。她们俩又哭又笑，都对这次重逢感到无比激动。

"说来话长。"在芬妮问了六次她到底经历了什么之后，苏菲才说，"当我看到镜子里的自己是这副模样时，完全吓坏了，唯一的想法就是离家出走。"

"你干太多活儿了。"芬妮难过地说，"这都怪我！"

"不是这样的。"苏菲说，"你别担心，巫师哈尔收留了我——"

"巫师哈尔！"芬妮大叫，"那个邪恶的家伙！是他把你变成这样的吗？他在哪儿？让我来对付他！"

她抓起太阳伞，一副咄咄逼人的样子，苏菲不得不按住她。她可不想看到哈尔被太阳伞戳醒。"别，别！"她说，"哈尔对我很好。"这倒是真的，苏菲发现，虽然哈尔表达善意的方式有些特别，不过考虑到她闯下的祸，他算是对自己相当不错了。

"可是人们说他吃人不吐骨头!"芬妮说,她还想挣扎着起来。

苏菲放下她挥舞的太阳伞。"他不会的。"她说,"相信我,他一点儿都不邪恶!"炉膛传来轻微的嗞嗞声,卡西法饶有兴趣地看着她们。"他不是那样的!"苏菲这话是对芬妮,同时也是对卡西法说的,"自从我到这里来,就没见过他施过一个邪恶的咒语。"这也是事实,她心里很清楚。

"那我就相信你吧。"芬妮缓和下来,"就算他改过自新,也一定是你的功劳,你总是很有一套。我拿玛莎一点儿办法都没有,你却能让她不耍性子,多亏了你,莱蒂肆意妄为的时间都少了一半!不过你真该让我知道你去哪儿了,亲爱的!"

苏菲也认为自己应该告诉芬妮。她听信了玛莎的一面之词,其实芬妮没她想的那么坏。苏菲觉得很过意不去。

芬妮迫不及待地告诉苏菲关于萨切夫瑞尔·史密斯先生的事。她滔滔不绝,兴奋地告诉苏菲他们是在她走后的那个星期相遇的,不到一周就结婚了。苏菲看着她说话的样子,衰老让她用一种全新的视角看待芬妮。芬妮仍然年轻漂亮,和苏菲一样,也觉得帽子店的日子很无聊,可又被困在那里。她已经尽力了,无论是对帽子店的生意还是三个女儿——直到海特先生去世。突然之间,芬妮有了和苏菲一样的恐惧:无缘无故的衰老、乏善可陈的生活。

"后来,因为你走了,帽子店也没人接手,卖掉店铺就成了顺理成章的事。"芬妮说话的时候,扫帚柜里传来脚步声。

迈克尔从里面走出来。"我们打烊了，看看谁来了？"他牵着玛莎的手。

玛莎出落得更苗条、更漂亮了，差不多恢复了原来的样子。她松开迈克尔的手，一边朝苏菲跑过去，一边大喊："苏菲，你怎么不告诉我！"她伸出双臂拥抱苏菲。然后她又抱住芬妮，就像从没说过她的坏话一样。

惊喜还在后头。莱蒂和费尔法克斯太太也从扫帚柜里走出来，一起提着一个大食物篮，身后还跟着帕西弗，他一扫之前的颓丧，充满了活力。

"我们一大早就坐车过来了。"费尔法克斯太太说，"我们带了——天啊！芬妮也在！"她跑过去拥抱芬妮，莱蒂放下篮子去拥抱苏菲。

大家互相拥抱，谈笑风生，哈尔没被吵醒真是个奇迹，苏菲都能从喧闹声里听见他在打呼噜。我待到傍晚再走，她心想，见到大伙儿真是太高兴了，真舍不得提前离开啊。

莱蒂很喜欢帕西弗。迈克尔把食物篮放到工作台上，从里面拿出鸡肉、葡萄酒和蜂蜜布丁。莱蒂紧紧挽着帕西弗的胳膊，就像那是她的私有财产，还让他告诉自己他记得的事。苏菲觉得这样不妥，但帕西弗并不介意，这也难怪，莱蒂看上去是那么迷人。

"他就那么来了，一会儿变成人，一会儿变成不同的狗，口口声声说认识我。"莱蒂对苏菲说，"我从没见过他，可这不重要。"她拍了拍他的肩膀，就像帕西弗仍然是只狗。

"不过你真的见过贾斯汀王子？"苏菲说。

227

"哦,是的。"莱蒂满不在乎地说,"他乔装打扮,穿着绿色制服,可我一看就知道是他。他是那么温和,彬彬有礼,哪怕寻觅咒让他心烦意乱。我不得不帮他制作了两次咒语,因为它们一直显示巫师苏里曼就在叠嶂谷和齐坪镇之间的什么地方,可他一口咬定那是不可能的。我正忙活的时候,他一直骚扰我,用轻佻的口吻叫我'漂亮姑娘',还问我是谁,家住哪里,多大年龄了。真是厚颜无耻!我宁愿和哈尔在一起,贾斯汀王子就有这么讨厌!"

这时大家开始吃吃喝喝。卡西法看起来很害羞,他缩成小小的绿色火焰,毫不起眼。苏菲想把他介绍给莱蒂,于是试着哄他出来。

"这真的是操纵哈尔命运的那个火魔吗?"莱蒂俯视着绿色的火焰,有些怀疑。

苏菲抬头告诉莱蒂这是真的,却发现安格瑞亚小姐出现在门口,她看起来有些不好意思,犹豫着要不要进来。"哦,真抱歉。我来得不是时候,对吗?"安格瑞亚小姐说,"我只是想和哈威尔说几句话。"

苏菲站起来,不知道如何是好。她之前把安格瑞亚小姐赶出去,仅仅是因为哈尔在追求她,苏菲感到很羞愧。不过这也并不意味着自己非要喜欢她不可。

迈克尔对安格瑞亚小姐露出热情的微笑,高喊着欢迎。"哈尔还没起床。"他说,"过来等吧,顺便喝杯酒。"

"谢谢。"安格瑞亚小姐说。

显然,安格瑞亚小姐并不自在。她谢绝了葡萄酒,心神不定地小口啃着鸡腿。屋里的人都互相认识，只有她是个外人。芬妮从费尔法克斯太太没完没了的谈话里抽空说一句"衣服真漂亮！"也于事无补。

玛莎也没有示好。她发现迈克尔充满爱慕地迎接安格瑞亚小姐，便让迈克尔只对自己和苏菲说话。莱蒂根本没搭理安格瑞亚小姐，她和帕西弗单独坐在台阶上。

没过多久，安格瑞亚小姐就受不了了。苏菲看见她走到门口，正准备开门。她急忙上前，感到很内疚。毕竟，安格瑞亚小姐一定是对哈尔有很深的感情才会到这里来。"请先别走，"苏菲说，"我去叫哈尔起来。"

"哦，千万别这样。"安格瑞亚小姐紧张地微笑着说，"我今天休息，我不介意等一等。这里燃烧着奇怪的绿色火焰，我觉得有点儿闷，想去外面透透气。"

听起来不错，如此一来，苏菲既不用赶安格瑞亚小姐走，又能摆脱她。苏菲礼貌地帮她打开门。不知怎的——也许是和哈尔让迈克尔做的防御有关——门把手转到紫色朝下。太阳笼罩在迷雾里，一大片姹紫嫣红的花海忽隐忽现。

"好美的杜鹃花！"安格瑞亚小姐用嘶哑而颤抖的声音感叹，"我一定要去看看！"她急切地跳进泥泞的草丛。

"别去东南方！"苏菲在她身后大喊。

城堡在旁边移动。安格瑞亚小姐美丽的脸庞消失在花丛里。"我不会走远的。"她说。

"天啊！"芬妮在苏菲身后说，"我的马车去哪儿了？"

苏菲费劲口舌解释，可芬妮还是不放心，苏菲只好把门转到橙色朝下,打开门让她自己看看。天气更阴沉了,芬妮的男仆和马夫坐在车顶上,一边吃冷香肠一边打牌。见到马车并没有神秘失踪,芬妮这才放下心来。苏菲虽然解释了半天,其实她自己也不明白为什么每一扇门都通往不同的地方。这时,卡西法一下子从木柴里升起来,发出怒吼。

"哈尔!"他大吼,烟囱里充满了蓝色火焰,"哈尔!哈威尔·杰肯,荒野女巫找到你姐姐家啦!"

头顶传来两声巨响,哈尔的卧室门被撞开,他往楼下冲。莱蒂和帕西弗被他一把推开,芬妮看到他吓得尖叫。哈尔眼圈发红,头发乱得就像干草垛。"攻击我的软肋,该死的荒野女巫!"他大喊着穿过房间,飘逸的黑色袖子飞起来,"我就怕她这样!多谢,卡西法!"他把芬妮推到一边,猛地打开门。

苏菲正蹒跚着上楼,她听见门在哈尔身后重重地关上。她知道自己又多管闲事了,可是她必须得去看看。她走进哈尔的卧室,其他人也跟着一起进来了。

"这个房间太邋遢了!"芬妮惊呼。

苏菲往窗外望去。整洁的花园里下着淅淅沥沥的小雨,秋千上挂着水滴,荒野女巫的红色卷发也被雨淋湿了。她身材高大,一袭红袍,站在秋千旁施展法术。她伸出手召唤着,召唤着。哈尔的外甥女玛丽站在湿漉漉的草地上,她慢慢地走向荒野女巫,看上去很不情愿,却不由自主。她身后是哈尔的侄子尼尔,他怒气冲冲地瞪着荒野女巫,走得更慢。哈尔的姐姐梅根跟在两个孩子后面。苏菲看到梅根挥舞着手臂,张开嘴大喊,显然是在骂骂咧咧,可她也被荒野女巫吸了过去。

哈尔冲进草地。他顾不上整理自己的衣服，也顾不上使用魔法，径直冲向荒野女巫。荒野女巫伸手去抓玛丽，可是相隔太远，哈尔抢先一步把玛丽拉到身后，又继续往前冲。荒野女巫落荒而逃，就像一只被狗追赶的猫。她穿过草坪，越过篱笆，火红的袍子在风中飘扬，而哈尔则是那只紧追不舍的狗。两个人越来接近，荒野女巫红色的身影在篱笆后面若隐若现，哈尔追上去，只看得见模糊的黑影和飘逸的衣袖。他们都消失在篱笆后面。

"我希望哈尔能抓住她。"玛莎说，"那个小女孩都吓哭了。"

窗户下面的梅根拥抱了玛丽，然后把两个孩子带进屋子里。谁都不知道哈尔和荒野女巫怎么样了。莱蒂和帕西弗并肩，迈克尔和玛莎一起，他们双双下楼。芬妮和费尔法克斯太太则被哈尔卧室的景象惊呆了。

"看看那些蜘蛛！"费尔法克斯太太说。

"还有窗帘上的灰！"芬妮说，"安娜贝尔，我看到走廊里有扫帚。"

"我们去拿吧。"费尔法克斯太太说，"我帮你别起裙子，芬妮，然后我们开始干活儿，我真受不了这个房间！"

哦，可怜的哈尔！苏菲想。他是多么喜爱那些蜘蛛！她在楼梯上走来走去，思考着怎么阻止费尔法克斯太太和芬妮。

迈克尔的声音从楼下传来："苏菲！我们去看看大宅子那边，你要一起来吗？"

听上去是阻止两位女士打扫房间的好办法。苏菲大声呼喊芬妮，然后急忙蹒跚着下楼。莱蒂和帕西弗已经打开了门。莱蒂没听到苏菲对芬妮的那番解释，帕西弗显然也搞不清状况，他们错误地把门把手转到了紫色朝下。苏菲赶紧蹒跚着穿过房间，想把门把手转过去，可是太迟了。

稻草人赫然出现在门口，身后一片花海。

"关门！"苏菲尖叫一声。她意识到自己昨天晚上让稻草人用快十倍的速度跳，反而帮了它一个大忙。它直接追上了城堡的大门，想从这里进来。可安格瑞亚小姐还在外面，苏菲不知道她是否已经晕倒在灌木丛里了。"不，别进来。"她有气无力地说。

没人顾得上她。莱蒂的脸吓得和芬妮的裙子一样白，她紧紧抓住玛莎。帕西弗目瞪口呆地站着。迈克尔想去拿骷髅头，它的上下颚不停地颤抖，差点带着酒瓶子一起从工作台落在地上。骷髅头还对吉他产生了奇怪的影响。吉他发出一声悠长的嗡嗡声：呜——嗨！呜——嗨！

卡西法的火焰又从烟囱里升起来。"这东西在说话。"卡西法对苏菲说，"它说的是'无害'，我认为它没撒谎。稻草人在等你允许它进来。"

的确，稻草人只是站在那里，并没有像之前那样试图闯进来。卡西法显然已经相信了它，并且让城堡停了下来。苏菲看着它的大头菜脸和飘扬的破布条，其实它一点儿都不可怕，苏菲甚至有种同病相怜的感觉。她怀疑，自己总是找各种借口没有离开城堡，内心深处其实是想留下来。可现在已经没有意义了，苏菲迟早要走的：哈尔喜欢的是安格瑞亚小姐。

"请进。"她说,声音有些嘶哑。

"清——泾——!"吉他发出声响。

稻草人用力一跃,跳进了房间。它用一条腿站着,摇摇晃晃,就像在屋子里找什么东西。它身上沾满了花香,可还是掩盖不住灰尘和腐烂大头菜的气味。

骷髅头又在迈克尔手里打战。稻草人转了一圈,高兴地从侧面向它倒下去。迈克尔本想去抢救骷髅头,可中途连忙收手。稻草人一倒在工作台,魔法就产生出强力的震荡,咝咝作响。骷髅头居然和稻草人的大头菜脑袋融为一体,仿佛钻进了大头菜,把它填充了起来,大头菜有了一张棱角分明的脸。可不幸的是,这张脸前后放反了。稻草人只好重新组合,它犹豫着直直地跳起来,旋转自己的身体,让棱角分明的大头菜脸转到前面。它慢慢放松张开的手臂,垂在身体两侧。

"现在我终于能说话了。"它含糊不清地开口道。

"我要晕倒了。"楼梯上的芬妮说。

"别胡说。"费尔法克斯太太在芬妮身后说,"这东西只是施了魔法的傀儡,不得不听从别人的指令,它是不会害人的。"

莱蒂看上去也快晕过去了,可唯一真正昏倒的是帕西弗。他无声地倒下去,蜷缩着身子躺在地上,就像是睡着了。莱蒂虽然很害怕,却还是向他跑去,可又退了回来,因为稻草人跳到了帕西弗前面。

"这是别人让我去找的一部分。"它含含糊糊地说,它又转动木棍,面对着苏菲,"我必须感谢你。"它说,"我的骷髅头和我相隔千里,我的力气耗尽了,要不是你过来和我说话,给予我生命，我也许会永远躺在树篱里。"它又转向费尔法克斯太太和莱蒂，"我也感谢你们。"

"是谁派你来的？你的任务究竟是什么？"苏菲问。

稻草人犹豫地晃动着。"还不完整，"它说，"还缺了一部分。"

每个人都安安静静的，大多是被惊得说不出话来，稻草人转来转去，似乎在思考。

"帕西弗是什么东西的一部分？"苏菲问。

"让它平复一下。"卡西法说，"没人问过它——"他突然打住了，缩得仅剩下一团绿色的火焰。迈克尔和苏菲交换了一个惊恐的眼神。

一个陌生的声音不知从哪儿冒出来。声音越来越大，瓮声瓮气的，就像从一个箱子传出来。可毫无疑问，这是荒野女巫的声音。"迈克尔·费雪，"它说，"告诉你的主人哈尔，他中了我的计。那个女人现在落在我手里了，莉莉·安格瑞亚在我荒野的城堡里。告诉他必须亲自前来，我才会放过她。听清楚了吗，迈克尔·费雪？"

门是开着的，稻草人转身往门外跳去。

"哦，不！"迈克尔大声喊道，"阻止它！他一定是荒野女巫派来的，这样荒野女巫才能进来！"

第二十一章

一干人等见证契约解除

好几个人都去追稻草人，苏菲另辟蹊径，她捎上拐杖，穿过扫帚柜，来到店里。

"都怪我！"她喃喃自语，"我真是把什么都搞砸了！要是我客套几句，安格瑞亚小姐说不定就会留在屋里，可怜的人啊！别的事哈尔都不和我计较，可这件事他是轻易不会原谅我的！"

她把放在花店橱窗上的千里飞靴搬下来，倒出里面的木槿、玫瑰和水，然后打开店门，把湿淋淋的靴子拖到人来人往的大街上。"借过。"各种鞋子和袖子挡了她的路，苏菲抬头一望，太阳躲在灰蒙蒙的云层里看不清楚，"让我想想，东南方向，在那边。借过，借过。"她一边念叨，一边在节日的人潮里清出一小块空地，然后放好靴子，调整方向，踩进去准备出发。

嗖——嗖！嗖——嗖！嗖——嗖！穿两只靴子的速度比穿一只快得多，风景更模糊，更让人喘不过气。苏菲瞥了一眼脚下：山谷尽头，大宅子在林间闪耀，芬妮的马车还停在大门口；一条湍急的小河从长满蕨类的山坡流往绿色的谷底，河水奔流不息，淌进更开阔的山谷；山脉连绵不绝，远方呈现出蓝色，塔尖林立，那里似乎是金斯伯里；平原渐窄，靴子下面山峦陡峭……即使借助着拐杖，苏菲也一路跌跌撞撞。她来到一个弥漫着蓝色雾气的深邃的峡谷边缘，可离脚下的树冠还很远，为了不从半空中摔下去，她只好再踏一步。

终于，苏菲在松软的黄沙地上着陆了。她把拐杖插进地里，仔细地环顾四周。在她右后方几英里远的地方，刚刚经过的群山云雾缭绕，山脚下有一抹深绿。苏菲点点头。哪怕隔得这么远，连移动城堡的影子也没有，她仍然很确定雾气氤氲的地方就是那片花海。她小心地踏了一步，嗖！烈日炎炎，地上黄沙四散，乱石丛生，在热气下反着光。唯一的生物只有零星的灌木丛，看上去无精打采，灰扑扑的。群山就像地平线上升起的云团。

"如果这就是荒野，"苏菲说，汗水顺着她的皱纹往下流，"荒野女巫住在这种地方真够可怜的。"

她又踏了一步，风也并没有带来一丝凉意。还是那些岩石和灌木，只是砂砾的颜色变得更灰了，群山似乎从空中沉了下去。苏菲往下瞥了一眼，想看看有没有比岩石高一点儿的东西，前面一个灰色土堆吸引了她的注意，于是她又踏了几步。

这一次像进了烤箱。远远看去，一个奇形怪状的东西堆在散落着岩石的地面上。歪歪扭扭的小塔托起一个斜斜的主塔，就像老人关节突出的手指。苏菲脱掉靴子。天气炎热，拿不了这么重的东西，于是她把靴子留在那里，带着拐杖上前一探究竟。

这个怪东西看起来是用荒野里的黄色砂砾做的。苏菲一开始还以为这是某种奇特的蚂蚁窝，可她走近了才看清，那是由无数个细长的黄色花盆堆积在一起的东西。她不由得笑了。移动城堡总让她有种住在烟囱里的错觉，这栋建筑却真是由烟囱管组成的。这没准儿是哪个火魔的杰作。

苏菲气喘吁吁地上坡，两个橙色身影突然出现在阴影里，他们站在那里等她。毫无疑问，这里就是荒野女巫的堡垒，她认得那两个小厮。苏菲又热又累，为了避免是非，她仍然礼貌地打了个招呼："下午好。"

他们面无表情地看了她一眼。其中一个人鞠了一躬，用手一指，弯曲的烟囱管柱子之间出现一个奇形怪状的黑暗拱门，苏菲耸了耸肩，跟着他走进去，另一个小厮则跟在她身后。她一进门，入口就不见了。苏菲又耸耸肩，入口消失的问题就等她出来的时候再考虑吧。

她整理了一下蕾丝披肩，又扯了扯拖脏的裙子，这才往前走去。有点儿像城堡的门转到黑色朝下时的感觉，刚开始是虚空，然后有昏暗的光。那是周围一圈黄绿色火焰发出的幽光，光线非常微弱，也没有热气。苏菲一看到它，它就移到一边，这就是魔法吧。苏菲又耸耸肩，跟着小厮在"烟囱管"做的细柱之间穿梭。

终于，小厮领她来到一个可能是堡垒中心的洞穴。苏菲也不确定，也许这只是柱子之间的一块空地。堡垒看上去很大，不过她怀疑是用了障眼法，就和移动城堡一样。荒野女巫站在那里等着。很难解释苏菲怎么知道是她，不过除了她还能是谁呢，荒野女巫非常高大，她瘦骨嶙峋，穿着白裙，花白的头发编成绳子一样的辫子从一侧肩膀垂下来。苏菲挥舞着拐杖径直向她走去，荒野女巫后退了几步。

"你别想威胁我！"荒野女巫有气无力地说。

"把安格瑞亚小姐放了，"苏菲说，"我要带她离开。"

荒野女巫又后退几步，她双手一挥，两名小厮顿时变成两团黏糊糊的橙色球体，升到空中朝苏菲飞过来。"恶心！走开！"苏菲大叫着用拐杖驱赶他们。但橙色球体一边躲闪，一边迂回穿梭，从后面瞄准了苏菲。

苏菲刚以为自己占了上风，就发现自己被粘在烟囱管柱子上了。她想挣脱，橙色球体又缠住了她的脚踝，还把她的头发扯得生疼。

"我情愿是绿色黏液！"苏菲说，"他俩不是真正的男孩子吧。"

"不是。"荒野女巫说。

"放开我。"苏菲说。

"不行。"荒野女巫说。她转过身，似乎对苏菲完全失去了兴趣。

苏菲开始害怕起来，和往常一样，她又搞砸了。黏糊糊的东西变得越来越坚韧，越来越有弹性，她一挣扎就会被弹回陶柱上。"安格瑞亚小姐在哪儿？"她问。

"你找不到她的。"荒野女巫说，"我们在等哈尔。"

"他不会来的。"苏菲说,"他没那么糊涂,何况你的咒语也不灵了。"

"会管用的。"荒野女巫微微一笑,"现在你落入了我们的圈套,哈尔总要诚实一回。"她又做了个手势,这一次是对着幽暗的火焰,一个类似王座的东西从两根柱子之间出现,上面坐着一个男人,他穿着绿色制服和闪亮的长靴。苏菲以为他把脑袋歪在一边睡着了。荒野女巫又做了个手势,男人直直地站了起来,肩膀上根本没有脑袋。苏菲反应过来,这是贾斯汀王子残缺的身体。

"如果我是芬妮,"苏菲说,"我没准儿就要立刻晕倒在这儿了。马上把他的脑袋放回去!他这副模样怪吓人的!"

"几个月前我把两个脑袋都处理了。"荒野女巫说,"我把苏里曼的头骨和他的吉他一起卖掉了。贾斯汀王子的脑袋和别的部分不知道在哪儿游荡。这具躯体是贾斯汀王子和巫师苏里曼的完美结合,现在就只等哈尔的脑袋了。一旦凑齐了,我就能制造出最完美的男人。到了那个时候,英格里王国就会有一位新国王,而我会成为掌权的女王。"

"你疯了!"苏菲说,"你没有权利把人当成拼图游戏!我不相信哈尔的脑袋会听你指挥,它会想办法逃跑的。"

"哈尔会乖乖听话的。"荒野女巫露出一个神秘而狡猾的微笑,"我们会控制他的火魔。"

苏菲不寒而栗,她知道自己这次闯了大祸。"安格瑞亚小姐在哪儿?"她挥舞着拐杖问。

荒野女巫很讨厌苏菲挥舞拐杖,她往后退。"我很累。"她说，"你们这些人总是破坏我的计划。一开始，巫师苏里曼不靠近荒野，我只好放出风声威胁维尔利亚公主，让国王下令派他来——他来了之后尽在这儿种树了；贾斯汀王子想和他一起，国王一直不同意，王子却还是跟来了——可那个傻瓜不知怎么跑到北边什么地方去了，我不得不使了点手段把他弄来；哈尔是最麻烦的一个，他逃脱过一次，我只好动用诅咒。眼看着诅咒的条件就要满足了，你却找到了苏里曼的脑袋，给我惹出更多麻烦。现在你人都在这儿了，还挥舞拐杖和我讨价还价。为了这一刻，我可是费了不少心血，我才懒得理你呢。"

苏菲看着那个高大的白色身影在幽暗的火焰里穿行。她一定是老糊涂了！苏菲想，她疯了！我必须摆脱这玩意儿去救安格瑞亚小姐。她想起那个橙色东西就和荒野女巫一样对她的拐杖避之不及，于是把拐杖从肩膀伸到背后，来回搅动陶柱上黏糊糊的东西。"走开！"她说，"放我走！"她的头发被扯得很疼，不过黏黏的橙色东西渐渐往两边飞去，苏菲搅得更使劲了。

她刚给自己的头和肩膀松绑，就听见一声沉闷的巨响。苍白的火焰忽明忽暗，苏菲背后的柱子摇晃起来。接着，就像一千套茶具从楼上摔了下去，堡垒的墙哗啦一声裂开了，刺眼的光线从一个狭长的洞口里射进来，一个跳跃的身影出现在里面。苏菲迫不及待地转过身，她满心期待那是哈尔，可那个剪影只有一条腿，又是稻草人。

荒野女巫发出一声怒吼向它冲去，她张开皮包骨头的手臂，白色的辫子飞扬。稻草人也朝她跳过去。又是一声巨响，两个人在魔法云里打成一团，就像哈尔和荒野女巫在泊特港斗法那样。云朵左冲右撞，烟尘弥漫，尖叫声和轰鸣声交织在一起。苏菲的头发嗞嗞作响。魔法云就在不远处的陶柱里穿行，墙的裂缝也离她很近。就像苏菲猜测的那样，堡垒并不大。每当云朵经过白色的缝隙，她都能看见里面有两个瘦削的身影缠斗在一起。她一边紧盯战况，一边继续用拐杖在自己的背后搅动。

现在除了腿，她别的地方都能动了。光线又一次透过云朵，苏菲看到另一个人影从后面的缝隙里跳过来，黑色的衣袖飘飘。那是哈尔。苏菲可以清晰地看出他的轮廓，他站在那儿抱着双手观战。一开始，他似乎想让荒野女巫和稻草人继续交战。接着，哈尔抬起手臂，长长的衣袖飞扬，他在尖叫和轰鸣声中念出一连串奇怪的咒语，随之而来的是滚滚雷鸣。稻草人和荒野女巫一震。响声在陶柱上形成一个又一个回音，每一声回音都带走一片魔法云。云朵一缕一缕地消失，打着旋儿飘走，最后变成轻薄的白雾。留着辫子的高大身影开始站立不稳，荒野女巫似乎在缩小，越来越瘦，越来越苍白。最后，随着雾气散尽，她稀里哗啦地垮下来。无数的轻柔回声也消失了，哈尔和稻草人站在一堆白骨前面面相觑。

太好了！苏菲把自己的腿挣脱出来，走到王座上那个无头身躯旁，她感到毛骨悚然。

"没用的，我的朋友。"哈尔对稻草人说——稻草人正在白骨里跳来跳去，用腿在里面拨弄着，"不，你不会在这里找到她的心脏的，那肯定被她的火魔拿走了。我想那个火魔已经控制她很久了，太惨了，真的。"苏菲取下自己的披肩，把它围在贾斯汀王子的无头肩膀上,又悉心整理好。哈尔说:"看来你想找的剩余部分在这里。"他走向王座,稻草人跳着跟在他身后。"不出所料!"他对苏菲说,"我费了九牛二虎之力才到这儿来,而你却在若无其事地收拾东西!"

苏菲抬头看着他。就像她担心的那样,在缝隙里透出的强烈日光下,哈尔既没有刮胡子,也没有打理头发。他的眼圈还是红红的,黑色衣袖有好几个地方都破了,几乎和稻草人没什么区别。哦,天啊!苏菲想,他一定深爱着安格瑞亚小姐。"我是来救安格瑞亚小姐的。"她辩解道。

"我以为安排你的家人来看你,会让你消停一次!"哈尔恨铁不成钢地说,"可是并没有——"

这时稻草人跳到苏菲面前。"是巫师苏里曼让我来的。"它含混不清地说,"荒野女巫抓住他时,我正在荒野里守护他种的树,驱逐鸟儿。他把自己所有的法力都给了我,让我去救他。可是荒野女巫把他分成了好几块,放在不同的地方。这是个艰巨的任务,要不是你走过来和我说话,重新给予我生命,我早就失败了。"

这是在回答苏菲之前提出的问题,当时他们都匆忙跑出去了。

"所以贾斯汀王子买了寻觅咒,咒语却一直在找你。"她说,"为什么会这样?"

"寻觅咒会跟着我或者巫师苏里曼的骷髅头。"稻草人说,"我们两个是他身上最精华的部分。"

"那么说,帕西弗是巫师苏里曼和贾斯汀王子共同组成的?"苏菲问,她不知道莱蒂还会不会喜欢他。

稻草人点了点头,它的大头菜脸棱角分明。"这两个部分都告诉我,荒野女巫和她的火魔已经分开了,只要荒野女巫落单,我就能打败她。"它说,"感谢你给了我十倍的速度。"

哈尔把它推到一边。"把那个身体带回城堡。"他说,"我会在那里帮你想办法。我和苏菲必须赶在火魔攻破防线之前回去。"接着他抓起苏菲皮包骨头的手腕,"走吧。千里飞靴在哪儿?"

苏菲裹足不前:"可是安格瑞亚小姐——!"

"你还没明白吗?"哈尔说着拽住她,"安格瑞亚小姐就是荒野女巫的火魔。如果它进入城堡,卡西法就完蛋了,我也完蛋了!"

苏菲用双手捂住嘴。"我就知道又搞砸了!"她说,"它已经来过两次了。可是她——它又出去了。"

"哦,老天!"哈尔呻吟着说,"它碰过什么东西吗?"

"那把吉他。"苏菲老实交代。

"那么它还在城堡里。"哈尔说,"快走!"他把苏菲推到撞裂的墙边,又对身后的稻草人喊道,"跟着我们,小心点。我要扬起一阵风!没时间找靴子了。"他们从粗糙锐利的裂缝里爬出来,站在火辣辣的阳光下。"跑吧,一直跑,要不我扛不动你。"哈尔对苏菲说。

苏菲拄着拐杖颤颤巍巍地跑起来,在岩石间跌跌撞撞。哈尔在旁边推着她。起风了,刚开始像呜呜的口哨声,接着变成咆哮。一时间飞沙走石,滚烫的灰色砂砾越升越高,形成风暴,击打在陶土堡垒上发出短促而尖锐的声音。这时他们不再奔跑,而是用很慢的动作往前滑行。乱石丛生的大地在脚下移动,沙尘暴在上空发出雷鸣般的巨响,一直传到远方。在令人难受的震耳欲聋声中,荒野开始在他们脚下飞驰。

"不是卡西法的错!"苏菲大喊,"是我让他保密的。"

"反正他也不会说。"哈尔也大叫着回复,"我知道他永远不会出卖同伴。他一直都是我的软肋。"

"我还以为威尔士是你的软肋。"苏菲大声说。

"不是!那是我故意的!"哈尔大喊,"我知道一旦她去那里捣乱,愤怒会让我阻止她。我得给她一个机会,懂吗?找到贾斯汀王子唯一的机会,就是利用她对我的诅咒来接近她。"

"那么说你是去救王子!"苏菲大叫起来,"那你为什么要假装逃走?是为了蒙蔽女巫?"

"不是那样!"哈尔喊道,"我就是一个胆小鬼!要我做这种可怕的事,唯一的办法就是告诉自己不去做!"

哦,天啊!苏菲看着周围飞旋的沙石,心想他说实话了!还有这阵风,女巫最后一个诅咒也成真了!

滚烫的砂砾重重地打在她身上,哈尔也把她拽得很疼。"一直跑!"哈尔大吼,"以你这种速度会受伤的!"苏菲倒吸了一口气,重新迈开双腿。她现在可以清晰地看到群山,下面一条绿色的线就是开满花的灌木丛。在黄沙旋涡里,山峦越来越高大,那条绿线扑面而来,渐渐变成篱笆的高度。"我有太多软肋了!"哈尔大喊,"我一直相信苏里曼还活着,这种信念一直支撑着我。发现他残留在帕西弗里面,我吓坏了,自己跑出去喝得酩酊大醉,结果你又被荒野女巫耍得团团转。"

"谁让我是老大呢!"苏菲尖叫,"我注定一事无成!""胡说!"哈尔大喊,"你就是喜欢胡思乱想!"

哈尔开始减速。踢起的尘土在他们周围形成一团烟云。苏菲知道这里离灌木丛很近,因为风吹树叶的沙沙声是她再熟悉不过的了。他们哗的一声冲进了树林,速度仍然很快,哈尔不得不拉着苏菲从湖面上空掠过。"你太善良了。"他又说,夹杂着啪啪的水声和沙子打在睡莲叶子上的声音,"我还指望你的嫉妒心能把火魔挡在城堡外面呢。"

他们降落在水汽弥漫的岸边,慢慢跑进绿道两边的灌木丛,树枝拍打在他们身上,鸟儿惊得从林间扑棱棱地飞起,旋风卷起的花瓣在他们身后飞舞。城堡从小路尽头缓缓朝他们移动过去,黑烟飘在空中。哈尔减速,带着苏菲一起从门里冲进去。

"迈克尔!"他大喊。

"不是我放稻草人进来的!"迈克尔委屈地回答。

一切都是原来的样子。苏菲惊讶地发现自己其实没走多久。有人把她的床从楼梯间拉出来,让帕西弗躺在上面,他仍然晕得不省人事。莱蒂、玛莎和迈克尔围在他身边。费尔法克斯太太和芬妮的声音从楼上传来,夹杂着唰唰声和砰砰的击打声,哈尔的蜘蛛一定遭了殃。

哈尔松开苏菲的手冲向吉他。他还没碰到琴,吉他就发出低沉的爆炸声,琴弦凌乱,木头碎片劈头盖脸地向哈尔扑过去。哈尔赶紧用一只破烂的袖子遮住脸,后退几步。

安格瑞亚小姐突然出现,她微笑着站在壁炉旁边。哈尔说得没错,她一直躲在吉他里伺机而动。

"荒野女巫已经死了。"哈尔对她说。

"那可真是太糟了!"安格瑞亚小姐漫不经心地说,"我要给自己制造一个更好的人类。咒语的条件都满足了,现在我要来取你的心了。"她把卡西法从炉膛里取出来。卡西法在她攥紧的拳头里摇曳,看上去吓坏了。"谁也不许动。"安格瑞亚小姐警告他们。

没人敢动,哈尔更是纹丝不动。"救命!"卡西法奄奄一息地说。

"没人能救你。"安格瑞亚小姐说,"你要帮我操纵新的人类。让我教教你,我只需要握紧一点儿。"她把卡西法捏得更紧了,指关节用力挤压,变成了浅黄色。

哈尔和卡西法同时尖叫起来。卡西法痛苦不堪地挣扎,哈尔的脸变得铁青。他一头栽倒在地上,就像一棵树倒下来。他和帕西弗一样人事不省,苏菲以为他停止了呼吸。

安格瑞亚小姐震惊地盯着哈尔。"他在装死。"她说。

"不,他没有!"卡西法尖叫着说,他扭成了一根麻花,"他的心其实很柔软!放开!"

苏菲悄悄地、慢慢地举起拐杖。这一次,她在行动之前思考了片刻。"拐杖,"她喃喃地说,"去打安格瑞亚小姐,可是不能误伤别人。"然后她挥舞着拐杖,用最大力气去敲安格瑞亚小姐捏紧的手指。

安格瑞亚小姐发出凄厉的嘶叫,就像一块湿木柴燃烧时发出的声音。她扔掉卡西法。可怜的卡西法无助地滚落到地上,火焰穿透石板,他在恐惧中发出嘶哑的呜咽。安格瑞亚小姐一脚踩在他身上。苏菲连忙扔掉拐杖,冲过去救卡西法。她惊喜地发现拐杖自己飞过去打安格瑞亚小姐,打了一次又一次。果然!苏菲想。她对拐杖说话,让拐杖拥有了生命,彭斯特梦夫人早就告诉过她。

安格瑞亚小姐发出咝咝声,站立不稳。苏菲捧起卡西法站起来,发现拐杖还在追打安格瑞亚小姐。与想象的相反,卡西法一点儿都不烫。他受到惊吓,变成了浅蓝色。苏菲能感受到哈尔的心在她指尖微弱地跳动。她手里捧着的这个深色东西一定就是哈尔的心脏。他把心交给了卡西法,好让卡西法活下来,这是契约的一部分。他一定是看卡西法可怜才这么做的,但不管怎么说,这真是件傻事!

芬妮和费尔法克斯太太拿着扫帚匆匆下楼。她们的出现让安格瑞亚小姐确信自己彻底失败了。她想要夺门而逃,苏菲的拐杖在她头顶盘旋,拼命打她。

"抓住她!"苏菲大喊,"别让她跑了!守住每一个出口!"

大家听她指挥行动起来。费尔法克斯太太举着扫帚守住扫帚柜,芬妮站在楼梯上,莱蒂跳过去守住通往后院的门,玛莎站在浴室旁边,迈克尔奔向城堡的门。可谁也没想到,帕西弗一跃而起奔向大门。他脸色苍白,眼睛紧闭,可他跑得比迈克尔还快,抢先一步打开了门。

由于卡西法太虚弱,城堡早已停了下来。安格瑞亚小姐看到门外雾气缭绕的灌木丛没有移动，便以不可思议的速度往大门冲去。可还没等她到门口，就被稻草人挡住了去路，他肩上扛着的贾斯汀王子仍然裹在苏菲的蕾丝披肩里。稻草人张开木头手臂把大门挡得严严实实，安格瑞亚小姐只好退回去。

这时，一直在敲打她的拐杖着火了，以铁皮包镶着的顶端闪闪发亮。苏菲知道它撑不了多久了。安格瑞亚小姐恨死了拐杖，她把迈克尔一把抓过来挡在身前。根据苏菲的指令，拐杖不能伤害迈克尔，它只好在上空盘旋着，燃烧着。玛莎冲上去想把迈克尔拉开，拐杖也只好避开，免得误伤她。和往常一样，苏菲又搞砸了。

没时间耽搁了。

"卡西法，"苏菲说，"我就要解除你的契约了，这样你会死吗？"

"要是别人这么做就会，"卡西法嘶哑地说，"这就是为什么我请你来帮我。我知道你的语言可以赋予东西生命，看看你对稻草人和骷髅头做的事。"

"那么就再活一千年吧！"苏菲郑重其事地说，生怕语言的力量不够，她忐忑不安。苏菲捧着卡西法，小心翼翼地把他从黑色块状物上取下来，就像从花茎上掐下一朵枯萎的蓓蕾。卡西法旋转着飞起来，在她肩膀上盘旋，仿佛一滴蓝色的眼泪。

"我感到好轻！"他说，接着他意识到发生了什么，"我自由了！"他大叫起来，旋转着飞进烟囱，猛地腾空而起，然后消失了。"我自由了！"苏菲头顶传来微弱的声音，他似乎已经从帽子店的烟囱管飞出去了。

苏菲拿着一息尚存的黑色块状物匆忙走向哈尔,她没有太大把握。她不能出一点儿差错,可又不清楚到底该怎么做。"好吧,开始了。"她跪在哈尔身边,小心地把黑块放进了他的胸膛,就放在自己胸口左边平时不舒服的那种地方,然后使劲往里压。"进去。"她告诉它,"进去,让他复活!"她压了一次,又压一次,心脏开始往下沉,跳动得更有力了。苏菲不理会门口的火焰和打斗,继续平稳而有力地往下压。她的头发挡住了视线,一缕红褐色拂过脸庞,她仍然没有理会,继续往下压。

心脏进去了,它刚一消失,哈尔就苏醒过来。他大声呻吟,翻过身让脸朝下。"见鬼!"他说,"我的酒还没醒!"

"不,是你的头撞到地上了。"苏菲说。

哈尔手脚并用,吃力地爬起来。"我得走了,"他说,"我要去救那个傻苏菲。"

"我就在这儿!"苏菲一边说一边晃着他的肩膀,"安格瑞亚小姐还在!起来对付她!快点!"

此时整个拐杖都着火了,玛莎的头发被燎得微微卷曲。安格瑞亚小姐想把火引到稻草人身上,她巧妙地把盘旋的拐杖引到门口。又来了!苏菲心想,我又没考虑周到!

哈尔一看就明白了,他连忙站起来,举起一只手,又念了一句咒语,只听一阵轰隆隆的雷鸣,石膏板从天花板上掉了下来,所有的东西都在颤抖。拐杖消失了,哈尔后退一步,手中多出了一个又小又硬的黑色东西,就像一块煤渣,只是形状和苏菲放进哈尔胸膛里的那个东西一样。安格瑞亚小姐就像被淋湿的火焰一样哭哭啼啼,举起双手哀求着饶命。

"恐怕不行,"哈尔说,"你的时辰到了。你在找一颗新的心脏,你打算拿走我的心,让卡西法去死,对吗?"他把那块黑色的东西放在两掌之间,用力一合掌,荒野女巫衰老的心脏顿时碎成了黑沙,又化成了煤灰,最后不见了。心脏一破碎,安格瑞亚小姐也随之消失。哈尔的手里空无一物,门口也没有了安格瑞亚小姐的身影。

不过还有一件事发生了。安格瑞亚小姐消失的时候,稻草人也不见了踪影。如果苏菲留意的话,她会发现两个高大的男人站在门口,相互报以微笑。其中一个人有棱角分明的脸和姜黄色的头发,另一个人没有什么特征,他穿着绿色制服,肩膀上围着蕾丝披肩。可那时候哈尔正好转向苏菲。"灰色不适合你。"他说,"我第一次见到你的时候就这么想。"

"卡西法走了。"苏菲说,"我解除了你们的契约。"

哈尔看起来有些伤感,不过他说:"我们希望你这么做。我们都不想落得荒野女巫和安格瑞亚小姐那种下场。你的头发是姜黄色的吗?"

"金红色。"苏菲说。哈尔的心回来了,他似乎没什么变化,除了眼睛的颜色深了一些——更像眼睛而不是玻璃珠子。"不像有些人,"她说,"我的发色是天然的。"

"我不知道为什么人们那么看重天然的东西。"哈尔说。苏菲心想他还是老样子。

如果苏菲此时稍微留意一下,她会看到贾斯汀王子和巫师苏里曼互相握手,高兴地拍对方的背。"我得回到王兄身边了。"贾斯汀王子说。芬妮看起来最像城堡的主人,于是他朝芬妮走去，优雅地深深鞠了一躬："请问您可是这栋房子的女主人？"

"呃——不是。"芬妮一边说，一边把扫帚藏到身后，"房子的女主人是苏菲。"

"或者说，很快会成为女主人。"费尔法克斯太太和蔼地笑着说。

哈尔对苏菲说："我一直怀疑，你就是我在五朔节上遇到的那个可爱女孩。那时候你为什么那么害怕？"

苏菲没有注意到，巫师苏里曼向莱蒂走去。现在他变回了自己。巫师苏里曼一看就是和莱蒂一样意志坚定的人。当他高大的身躯向莱蒂逼近时，莱蒂看上去有些紧张。"看来我对你的记忆都是王子的，而不是我自己的。"

"一点儿都没关系。"莱蒂勇敢地说，"那只是个误会。"

"不是误会！"巫师苏里曼不同意这个说法，"至少你愿意让我收你为徒吧？"莱蒂的脸唰地红了，不知道说什么好。

这是莱蒂的问题，不过苏菲也有自己的问题。哈尔开口道："我觉得我们应该从此过上幸福的生活。"她觉得他是认真的。苏菲知道，和哈尔幸福地生活在一起会遇到数不清的麻烦，不过她还是决定试一试。"会很刺激的。"哈尔补充道。

"而你会剥削我。"苏菲说。

"而你会剪掉我的套装给我一个教训。"哈尔说。

如果苏菲和哈尔还有心思留意别的事，他们也许会发现，贾斯汀王子、巫师苏里曼和费尔法克斯太太都想和哈尔说话，芬妮、玛莎和莱蒂在拉苏菲的袖子，而迈克尔在拽哈尔的外套。

"这是我见过的最简洁有力的咒语,我还从来没见别人这么用过。"费尔法克斯太太说,"我拿那个东西一点儿办法都没有,我常说——"

"苏菲,"莱蒂说,"我需要听听你的意见。"

"巫师哈尔,"巫师苏里曼说,"我必须向你道歉,我常常想去咬你。正常情况下,我无论如何都不会去咬人的。"

"苏菲,我想这位绅士是一个王子。"芬妮说。

"阁下,"贾斯汀王子说,"我想我必须感谢您把我从荒野女巫手里救了出来。"

"苏菲,"玛莎说,"你身上的咒语解除了!你听到了吗?"

可是苏菲和哈尔握着对方的手,脸上洋溢着抑制不住的微笑。"现在别打扰我。"哈尔说,"我只是为了钱才这么做。"

"骗子!"苏菲说。

"听我说,"迈克尔打断了他们,"卡西法回来了!"

哈尔和苏菲这才回过神来。他们看着炉膛,没错,一张熟悉的蓝脸在木柴堆里摇曳闪烁。

"你没必要这么做。"哈尔说。

"我不介意,只要我来去自如。"卡西法说,"更何况,外头的齐坪镇在下雨呢。"

附 录

 附录 I

作者访谈

1. 是什么启发了你写《哈尔的移动城堡》?

答:其一是源于我多年来一直在想的一件事,那就是如果所有童话里的事物——比如隐身斗篷、千里飞靴还有住在影影绰绰的城堡里的邪恶巫师——都是真的,那该是多好玩的事。这些念头打我八岁的时候就有了,那时我一心希望自己能够飞起来。不是乘坐飞机,而是我能自个儿飞到天上去。

其二是源于我对一所学校的拜访。当时有个男孩坐在我身旁的地板上,他突然站了起来,问我有没有想过写一个关于"移动城堡"的故事。我告诉他我还没想过呢,不过这个想法实在太棒了,我问他介不介意我把它写出来。他说:"一点儿也不介意,请便。"不过如果你读过本书扉页上的那段话,就知道后来发生了什么事了。

我过了几年才把这个故事写出来,因为我得花时间去了解巫师哈尔是个什么样的人。我的一个儿子每天早上都要在浴室里待上好几个钟头,我就是从那个时候开始了解到哈尔其人的——我真的对这个儿子非常、非常、非常恼火!

2. 你是在哪里写出了这本书的？

答：我写这本书的方式跟写别的作品一样，舒舒服服地摊在起居室的大沙发上写完了这本书。因为挡着家里每个人的去路，这常常搞得我的丈夫火冒三丈。

3. 写书过程中，有没有发生什么趣事或者怪事？

答：书中不断有出人意料的事情发生，让我笑得前仰后合。千里飞靴那段实在是太好笑了，还有苏菲不小心把哈尔的套装变大了二十倍的那场，我笑得从沙发上滚到了地上。我丈夫终于忍无可忍，他厉声问道："自己写的书有什么好笑的？"我笑得上气不接下气地回答："可我就是觉得好笑！"然后在地板上滚来滚去。

我想很多读者也会觉得有趣吧。书出版后，我借了一本给住在我大提琴老师家隔壁的一个男孩。我的大提琴老师在半夜被轰隆一声撞击声惊醒了——男孩的父母也是。原来是那个男孩笑得太厉害了，以至于他在被窝里打着手电筒看书的时候，从床上摔了下来。

4. 哪个角色是根据真实人物改编的？

答：人们大都希望哈尔是有真实人物原型的。全世界的年轻女性排长队想要嫁给他。我总觉得如果她们真的嫁给了哈尔，日子一定会很难过。不过姑娘们就是爱他爱得要死。

我曾经见过一个跟哈尔具有一些共同特质的网球明星——一个名叫安德烈·阿加西的美国人。他有着迷人的笑容和一头

金发，浑身透着一股活泼劲儿，那实际上隐藏着巨大的技巧。他坦言自己不喜欢发火，还有传言说他每逢大赛就会选择逃避——这简直就是哈尔本人嘛。

另外，把苏菲设定为三姐妹中的老大，这一点和我的个人情况有关。我也是三姐妹中的老大[1]。关于苏菲变老的设定，源于我发现自己有非常严重的牛奶过敏症。我几乎因此丧失了双腿的功能，不得不借助一根手杖走路。我本来还算年轻，但因为这个原因，我突然体会到了年老的滋味。

5. 卡西法的平底锅之歌是首真正的歌曲吗？

答： 这首歌现在是威尔士橄榄球队[2]的队歌，不过我猜他们现在已经不怎么唱了。说实话这首歌有点儿傻乎乎的，讲的是一个焦头烂额的家庭主妇在一个倒霉的日子里的遭遇。副歌是这样唱的：小汤锅在火上沸腾，大汤锅在底下沸腾，猫咪挠伤了小强尼。

6. 你最喜欢书里的哪一场？说说原因。

答： 整本书我都很喜欢，不过非要我选一场的话，我会选哈尔得了感冒的那一场。写这一场时，碰巧我丈夫得了重感

---

1 戴安娜·韦恩·琼斯于 1934 年 8 月 16 日生于伦敦，是三姐妹中的老大。她的两个妹妹伊索贝尔和厄休拉分别是文学评论家和儿童文学作家。她因为病重而无法完成《迦勒底故事》的写作，最后是由她的妹妹厄休拉完成的。
2 还记得哈尔衣服背后的那行神秘兮兮的字吗？威尔士橄榄球。在二战爆发后不久，戴安娜·韦恩·琼斯与家人一同被疏散到了威尔士。威尔士给戴安娜留下了深深的童年烙印，这一点和威尔士留给哈尔的"软肋"一样。

冒。他恐怕称得上是全世界最爱闹腾的感冒患者。他不停呻吟,不停咳嗽,滔滔不绝地抱怨着,不时发出点奇奇怪怪的声音——他擤鼻涕的样子简直就像在吹管弦乐器。他无时无刻不在要求吃培根三明治,而且随时都有可能出现(通常是裹在别人的睡衣里)在我们面前,喊着因为没人理他他就快要无聊死了。而我所要做的呢,就是把这一切写下来。

7. 在写完这本书的四年之后,你写了续集《空中城堡》。它的灵感源自哪里呢?

答:有人给了我一本《一千零一夜》,我这才发现我在《哈尔的移动城堡》里远没有写尽童话和传说里的那些东西,尤其是那些精灵啦,飞毯啦,所以我当然要写出来。再说,我还想知道英格里国王入侵怪奇吉亚王国后发生了什么呢。

8. 2008年,你给我们带来了另一部令人惊喜的续作《迷宫之屋》。能讲讲这个故事的来历吗?

答:关于这个故事我已经构思好些年了。我想写一本以上诺兰国为背景的书,哈尔会以乔装打扮的方式出现在这个故事里。但无论我怎么尝试都还是没法完成它,直到我想到了"迷宫之屋"这个点子。后来查曼[1]出现在我脑子里,这事儿就成了。很自然地,她成了那个和巫师的房子斗智斗勇的角色的不二人选。

---

[1] 查曼,《迷宫之屋》的主角,一个11岁的女孩。她的一个远房亲戚、上诺兰国的御用巫师威廉叔公生病了,被精灵带去治疗,而她自告奋勇去照料他的房子,由此引发了一连串的故事。

附录 I

9. 十多年后重返哈尔的世界是什么感觉?

答:其实也算不上是"重返",因为我一直在惦记着这件事。早在写《迷宫之屋》之前,我就知道上诺兰国,当然我也对《空中城堡》里的公主的情况一清二楚,我知道她帮助自己的老父亲整理了图书馆的目录。真正让我没有想到的是卢博克[1]。直到查曼在一朵花里逮到一只卢博克之前,我都不知道这玩意儿到底是个什么。

10. 书中有你亲朋好友的影子吗?

答:有的,让我开始写这本书的是我的一个朋友,她从来不洗衣服。她把衣服装在大袋子里,常常一放就是一年。当她把所有的衣服都拿出来洗的时候,就会发现一件又一件她早就已经忘得一干二净的衣服。

还有就是我很确定,瓦伊夫[2]的原型是我儿子的狗,莉莉。它个子很小,是只缠人的小妖精。

11. 巫师威廉叔公的"迷宫之屋"和哈尔的"移动城堡"之间有什么奇特的渊源吗?

答:我想有的,事实上它们的原型都是我所住的这栋房子。它又高又窄(就跟哈尔的城堡一样),但我的侄子和侄女经常在里面迷路。它的一个奇特之处在于,如果你从前面的窗户看出去,就好像是一个地方;而如果你从后面看出去,则又

---

1 卢博克,出现在《迷宫之屋》中的一种邪恶的生物。
2 瓦伊夫,出现在《迷宫之屋》中的有魔法的小狗。

像是另一个完全不同的地方。第二个奇特之处在于，这栋房子大部分的窗户都是波浪形的（全拜二战时炸弹的冲击波所赐），如果你透过波浪形的窗户向外看，往往就像在看另一个陌生的世界。

当然，它还有一个神奇之处：我三分之二的书都是在这所房子里写出来的。它还相当有个性。有一次，人们打算重新粉刷一下它的厨房。这让房子觉得痒痒，关掉了所有的暖气片以示抗议。它就是这么个脾气，你只能一笑置之。如果有它不喜欢的人住进来，它还会大发雷霆，冷冰冰地待客，把人三两下赶跑。

12. 你的很多书中常常出现被施了魔法的动物。你觉得猫和狗特别有魔力吗？

答：我的家人似乎都喜欢富有个性的宠物，大部分宠物都把我欺负得简直不像话。我们家养的猫咪总爱在墙上行走，狗也非常聪明，甚至都能为自己挑一本像《狗的身体》这样得体的书。

我儿子的狗莉莉，也就是瓦伊夫这个角色的原型，对孩子们的车有绝对的话语权。有一次，孩子们把车停在山上，刹车松开了，车倒着往山下跑。莉莉淡定地坐在里面，丝毫都没一惊一乍——即使车开过了繁华的马路，最终撞上了另一辆车。这车是莉莉的，它知道自己在车里很安全。

我很难想象生活中没有一只意志坚定的猫或狗的陪伴会是怎样的。我现在的猫，多拉贝拉，是一只胖胖的、趾高气扬的

附录 I

三花猫（你知道三花猫一般来说都是雌性的，因为它们多了一条 X 染色体吗？）。如果发生了什么反常的事，它会给我一个眼神："我可不习惯来这套，让它停下来。就是现在。"我猜它说不定是我最严厉的那位姑姑的转世。

我的书里自然也有这些动物的身影：要把它们拒之门外是很难的。唯一不属于我的猫（对不起，猫儿！我其实想说的是我唯一不属于的猫）是《克里斯托弗·香特的生活》中那只极具魔力的猫——瑟格莫顿的原型。这个家伙的地盘是主街拐角处的一家酒吧，它经常潜伏在一个齐腰高的窗台上，从那里毫不留情地攻击任何绕过拐角的狗。当没有狗的时候，它就会大摇大摆地在酒馆外的斑马线上来回走动，阻碍所有的交通。

13. 这是我们最后一次看到巫师哈尔了吗？[1]

答： 大概不是吧，我现在已经弄明白了哈尔喜欢伪装自己。我多年来一直想写个他乔装打扮成英俊的王子，以搅乱另一个巫师的邪恶计划的故事——那个巫师想利用精灵家的双胞胎儿子。这本书会写完的，到时就会瓜熟蒂落。同时，我手上

---

[1] 戴安娜·韦恩·琼斯塑造了哈尔这个人物，用她的话来说，全世界的年轻女性都为这个人物疯狂。回答这个问题时她应该已经结束了哈尔三部曲的写作，并且有了关于哈尔故事的新的构思。可惜由于疾病，戴安娜没能留给读者更多关于哈尔的作品。《哈尔的移动城堡》有三部，分别是《哈尔的移动城堡》（*Howl's Moving Castle*）、《空中城堡》（*Castle in the Air*）和《迷宫之屋》（*House of Many Ways*）。哈尔、苏菲夫妇及火魔卡西法一直贯穿其中。在完成第三部《迷宫之屋》之后，2009 年的初夏，戴安娜被诊断出患有肺癌，她在 7 月接受了手术；2010 年 6 月她宣布停止化疗，并且依然笔耕不辍。不幸的是，戴安娜还是于 2011 年 3 月 26 日因病去世。

作者访谈

还有好几个别的故事等着要完成,它们都嚷嚷着:"快把我现在就写出来!"我刚刚写完一本叫《魔法玻璃》的书,讲的是一个男孩被奇怪的生物追杀,其中一些长着触角。这本书里有一只狗,但可不是一只普普通通的狗,而是一只"狗人"。

 附录 II

动画电影《哈尔的移动城堡》

《哈尔的移动城堡》于 2004 年由日本电影公司吉卜力工作室制作成动画电影。日本动画电影一般被称为"动画片"。

该片由宫崎骏自编自导,他曾凭借动画《千与千寻》获得第 75 届奥斯卡金像奖最佳动画片奖。

宫崎骏是戴安娜·韦恩·琼斯的忠实书迷,他特地退休以保证有时间和精力完成这个项目。

《哈尔的移动城堡》于 2004 年 9 月在威尼斯电影节上首映,同年 11 月在日本上映。

2005 年,该片被配音成英文,在美国、英国和澳大利亚上映。

本片在剑桥电影节上举行了英国地区的首映式,戴安娜·韦恩·琼斯出席了首映式及其后的问答环节。该片获得了同年奥斯卡奖的提名。

《哈尔的移动城堡》和宫崎骏在东京动漫奖上分别获得了最佳动画奖和最佳导演奖,并在世界各地的电影节上斩获诸多荣誉。

它已经成为日本历史上最卖座的电影之一。

动画电影《哈尔的移动城堡》

电影主要角色的日语配音演员名单：

角色	配音演员
哈　尔	木村拓哉
苏　菲	倍赏千惠子
卡西法	我修院达也
迈克尔	神木隆之介
荒野女巫	美轮明宏

1986年，吉卜力工作室曾推出一部名为《天空之城》（Laputa: The Castle in the Sky）的电影，这部电影与戴安娜·韦恩·琼斯的小说《空中城堡》（Castle in the Air）没有任何关系，后者是她的作品《哈尔的移动城堡》（Howl's Moving Castle）的续集。

有关吉卜力工作室电影的更多信息，请访问
www.nausicaa.net

关于英文版的发布，请访问
www.disney.go.com/disneypictures/castle/

 附录 III

作者关于动画电影的访谈

1. 当听说《哈尔的移动城堡》要拍成动画电影时,你有什么想法?

答:每当我的作品被改编时,我的第一反应总是:天啊,这需要很多人去参与吧!电影、戏剧还有舞蹈基本上都是团队项目。在意识到这一点之后,我对其他艺术形式那种每一个细节都受到巨大关注的方式感到震惊:一种"如果我知道你们要花这么多心思,我就不会把它弄得这么复杂"的感觉。如果运气好的话,这种内疚的感觉之后,紧接着就是喜悦。从我的原作出发,人们将会创作出一件截然不同的作品。

事实上,一本书要想在大银幕上或舞台上表现出来,必须要经过改编。书籍通常展现的是人物的内心,而其他媒介形式则集中于表现一种外在的东西。

2. 你怎么看待这部电影的制作?

答:一些严肃认真的人特地从日本过来和我讨论这本书。他们很想知道英格里王国到底在哪里,这样他们就可以去实地采风,把它作为电影的背景。当我告诉他们这只是我编出来的时候,他们表示这简直难以置信,坚持要我推荐点儿别的地方。所以我提议去埃克斯莫尔和埃塞克斯的一些小镇。但他们不愿意去我推荐的这些地方,而是去了卡迪夫,那可完全是南辕北辙啊。[1]

3. 你喜欢这部电影吗?

答: 我觉得电影很精彩。它丰富而怪异,画面也很惊艳。早在我知道宫崎骏打算把《哈尔的移动城堡》拍成动画电影之前,我已经喜欢他的电影很多年了。当我们最终见面的时候,我发现他对我的书的理解是别人所难以达到的。

当然,他也把他个人的想法引入了电影中。比如,一定要有飞行器!我只在书里提到了一句国王正在面临一场战争,而他则把这一点大大地扩充在故事中,往里头塞了不少飞行器和战争场面。二战时,我和宫崎骏都还是孩子,我们对二战的反应似乎大相径庭:我倾向于避开写实的战争(我们都知道战争有多可怕),而宫崎骏(他也清楚这一点)则对此甘之如饴,总是喜欢一边表现战争的丑恶,一边又用极尽绚烂的画面表现大轰炸这样的场面。我虽对此不敢苟同,不过一想到无数的人花了几年时间辛辛苦苦地画着这部电影中的每一帧画面,心里就会充满了敬畏。

---

[1] 作者提到的三个地方:埃克斯莫尔(Exmoor)是英格兰西南部萨默塞特郡西部和德文郡北部的一片丘陵开阔荒地;埃塞克斯(Essex)是英格兰东南部的一个郡,位于伦敦东北;卡迪夫(Cardiff)是威尔士的首府,英国第十一大城市。

4. 你特别喜欢电影里的哪些场景?

答：我喜欢帽子店的场景，虽然戏份儿不多。还有早餐那一幕，他们在卡西法脑袋上烤着肉、煎着蛋。但影片中最精彩的一幕，无疑要数苏菲和荒野女巫一边爬宏伟的大理石楼梯，一边气喘吁吁地互相辱骂那段——老苏菲怀里还抱着条狗。这既像是一个让人梦寐以求的场景，又像是一个噩梦，简直太有趣了。

5. 电影中的角色和你想的一致吗?

答：哈尔在影片中少了一丝矫情，多了一分英雄气概。我觉得卡西法很出彩。他和我在小说中描述的不太一样，但依旧堪称精彩。而苏菲这个角色也塑造得非常好，尤其是随着影片的进行，这个角色渐入佳境。尽管她是个老女人，但她的行动越来越像一个年轻的女孩。

荒野女巫有一部分是根据我一个比较厉害的姑姑改编的。奇怪的是，影片中女巫的形象很像她，甚至还穿了跟她同样的衣服！

6. 那移动城堡呢?

答：当我第一眼看到移动城堡时，我想："这可不是我写的移动城堡。"但我很欣赏它有自己的脾气，而且常常还显得有些吓人。它既有趣又可怕，一边走一边散架。而我笔下的移动城堡又高又窄，是用黑色的砖块砌成的。待在里面有点儿像待在烟囱里。但宫崎骏显然钟情于更多的细节，把它塑造成了一种极富幻想色彩的东西。

图书在版编目（CIP）数据

哈尔的移动城堡／（英）戴安娜・韦恩・琼斯著；
程婧波译. -- 上海：文汇出版社，2020.9
（哈尔的移动城堡三部曲）
ISBN 978-7-5496-3277-0

Ⅰ. ①哈… Ⅱ. ①戴… ②程… Ⅲ. ①儿童小说－长篇小说－英国－现代 Ⅳ. ①I561.84

中国版本图书馆CIP数据核字(2020)第140144号

HOWL'S MOVING CASTLE © Diana Wynne Jones,1986
Published by arrangement with David Higham Associates through Bardon-Chinese Media Agency.
Chinese simplified character translation right © 2020 by Dook Media Group Limited.

中文版权 © 2020 读客文化股份有限公司
经授权，读客文化股份有限公司拥有本书的中文（简体）版权
著作权合同登记号 图字：09-2020-741

哈尔的移动城堡

作　　者 /	［英］戴安娜・韦恩・琼斯
译　　者 /	程婧波
责任编辑 /	张　涛
特邀编辑 /	吴亚雯　　叶　子
封面装帧 /	向　静
内文彩插 /	高品图像
出版发行 /	文汇出版社 上海市威海路755号 （邮政编码200041）
经　　销 /	全国新华书店
印刷装订 /	北京盛通印刷股份有限公司
版　　次 /	2020年9月第1版
印　　次 /	2020年9月第1次印刷
开　　本 /	880mm×1230mm　1/32
字　　数 /	173千字
印　　张 /	9

ISBN 978-7-5496-3277-0
定　　价 /　45.50元

侵权必究
装订质量问题，请致电010-87681002（免费更换，邮寄到付）